大学入試
カンザキメソッドで決める!
志望理由書のルール
― 文系編 ―

神﨑 史彦 著

文英堂

著者からのメッセージ

❀ 私は、公募制の推薦入試（法政大学法学部論文特別入試・現在は廃止）で大学に合格しています。ですから、志望理由書を書く時の悩みは、どの指導者よりも理解できます。当時はAO・推薦入試対策の塾や予備校もなく、高校の先生もAO・推薦入試のノウハウを持っていませんでした。試行錯誤しながら、一般入試の勉強と並行して志望理由書を書き上げたことを覚えています。

❀ 私は受験生の頃、やりたいことを見つけなければ志望理由書が書けないと思い悩んでいました。しかし、大学の役割や大学で学べることを探っていくうちに、少しずつ考え方が変わっていきました。大学を卒業して社会の一員になるならば、他者や社会に対して自分が「やるべきこと」を考える必要があるし、「やりたいこと」はその中から見つかるものなのではないか、と思ったのです。つまり、「やりたいこと」だけを主張するのは、幼いことなのだとわかったのです。

❀ 手元に、私が過去に書いた志望理由書があります。そこには、「世の中から差別をなくすためには法改正が必要だ。その見識を持つために法学部で公法の研究をしたい」と書いてあります。今見ると、恐ろしいほどに文章が稚拙で、赤ペンで修正してやりたいと思うほどです。しかし、当時の私の熱意がひしひしと伝わってくる文章です。自分が「やりたいこと」ではなく、社会の一員として「やるべきこと」は何か、自分なりにじっくりと調べて、考えて、熱く語っています。まさに「やるべきこと」が伝わる志望理由書なのです。

❀ 「やるべきこと」を見つけるためには、人と表面的に付き合うのではなく誠実さを持って接することが大切だ、と私は思っています。人は日々の生活の中で、多くの問題や課題を抱えています。人の心に寄り添い、様々な問題を見つけ、それを解決する方法を探ってみてください。すると、「自分がやるべきことは何か」「どの分野の知見であれば、解決できるのか」を考えることができるでしょう。その過程の中ではじめて、問題の本質を見抜こうとする姿勢とともに、学問を追究しようとする意志も芽生えるものです。ただの熱意ではなく、そこには「誠実な熱意」があるのです。

❀ 自分や他者、学問へ真剣に向き合う時、自分の無知に目をそらすことなく、知ったかぶりをせず、面倒くさがらず、明るい未来を信じて、前へ進んでください。攻めの姿勢で、自分の人生を決めてほしいのです。将来の可能性のあるキミだからこそ、広い視野で進路について見つめる姿勢を持ち、自ら情報収集をするべきです。行動を起こすなら、今です。そして、そうした他者や学問に対して真摯に向き合う姿を、志望理由書で表現しましょう。きっと大学教員はキミの思いに共感してくれるはずです。

❁　志望理由書は、結局のところ「誠実な熱意」によって生まれるものなのです。

❁　ところが最近は、多くの受験生が進路決定への決断を先送りし、大学での学びに真正面から向き合わず、大学入学という壁を乗り越えることだけに必死になっています。受験勉強という試練から逃げるために、安易に総合型・学校推薦型選抜で合格しようという人もいます。このような受験生が書いた志望理由書に「誠実な熱意」はあるのでしょうか。私は、そういう受験生の姿を見るたびに切なくなりますし、叱りたくもなります。先送りや逃げの姿勢は、回りまわって自分を苦しめることになるからです。私は、現に苦しんでいる大学生を数多く見てきました。だから、この本を手に取ったキミにはそうなってほしくないのです。

❁　社会や他者が抱える課題に自ら進んで挑戦しなければ、未来はありません。私は、これからの社会を担うキミに、そうした挑戦心を持ってもらいたいのです。そして、大学で得た知恵と、つまずいても何度も立ち上がって問題解決にチャレンジする勇気を持って、未来を切り開いてほしいのです。行動を起こすのは、キミ自身です。

❁　私の使命は、他者や自分を尊重し、学問を愛する人材を社会へ送り出すことだと考えています。未来あるキミに、そしてこれからの日本を支えるキミに、私の熱い気持ちが届くことを祈っています。そして、生涯を通して「誠実な熱意」を大切にする人になってほしいと、心から願っています。

キミの"誠実な熱意"が最高の志望理由書を生む！

神崎 史彦

もくじ

- 2 著者からのメッセージ
- 6 本書の特長
- 8 原稿用紙の使い方
- 10 気をつけたい文章表現
- 12 **志望理由書　合格へのルートマップ**

Part 1
志望理由書編

- 14 **「攻め」のキャリア形成　KDSのルール**
- 18 **K（大学で取り組みたい研究）を明らかにする**
- 20 **D（研究を志す動機）を示す**
- 22 **S（大学を選択する理由）を伝える**
- 24 *Before→Afterで学ぶ「攻め」の技法*
- 25 *段階別「攻め」のパターン*
- 26 回答例1　文学
- 30 回答例2　心理学
- 34 回答例3　外国語学・国際学
- 38 回答例4　教育学
- 42 回答例5　幼児教育学・保育学
- 46 回答例6　生活科学・家政学
- 50 回答例7　法律学
- 54 回答例8　政治学
- 58 回答例9　経済学
- 62 回答例10　経営学・商学
- 66 回答例11　社会学
- 70 回答例12　スポーツ科学・体育学
- 74 回答例13　歴史学
- 78 回答例14　観光学
- 82 回答例15　社会福祉学
- 86 回答例16　芸術学

90	難関大学を攻める　KDSのルール
94	回答例17　考古学
100	回答例18　総合政策学
106	「この仕事に就きたい」と考えている人へのアドバイス
108	志望理由書　字数調整のコツ

Part 2
自己PR文編

110	「共感」をよぶアピール　TKIのルール
114	T（自分の長所）を率直に述べる
116	K（長所を得た経緯）を説明する
118	I（長所の活かし方）を示す
120	Before→Afterで学ぶ「共感」の技法
121	書式別「共感」のパターン
122	回答例1　部活動
126	回答例2　学校生活
130	回答例3　課外活動
134	回答例4　私生活
138	回答例5　自己推薦書
140	回答例6　志望理由書＋自己PR文

本書の特長

回答例 Before→After を見開きで比較できるよう構成しています。

学部別に回答例を掲載。研究したい分野に、より近い志望理由の書き方が学べます。

左ページ Before の文章の改善すべきポイントが書かれています。

Before の文章は何が問題なのかを指摘しています。

志望理由書の押さえるべきポイントを、After の文章に沿って詳しく解説しています。

Part1 志望理由書編では、回答例ごとに以下のページがあります。凝縮された情報が満載です。

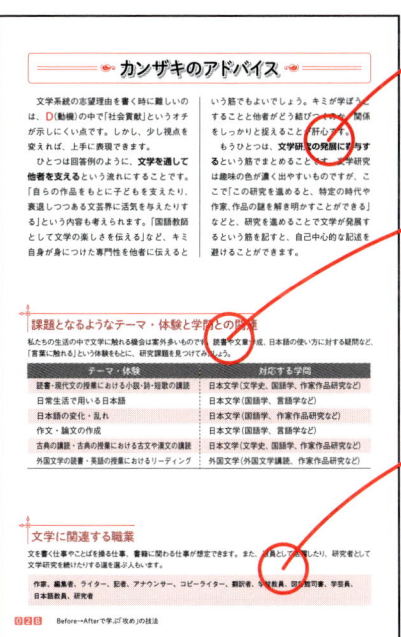

カンザキ先生が、志望理由書について詳しくアドバイスをしています。

これまで体験してきたことが、大学の学問とどう繋がるのか参考にしてください。

学部ごとに、研究したことを活かせる職業を挙げています。

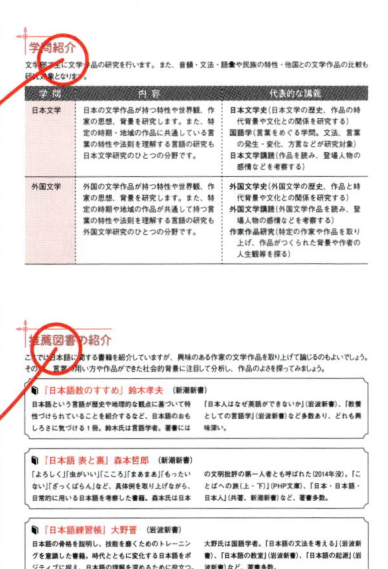

学部ごとに、関連する学問や代表的な講義を挙げています。

学部ごとに、関連する書籍を厳選して紹介しています。

007

原稿用紙の使い方

　志望理由書や自己PR文では、原稿用紙に書くように指示されることがあります。原稿用紙の使い方を誤ると、減点対象になったり、悪印象を与えたりする恐れがあるので、志望理由書を書く際には必ず原稿用紙の使用に関するルールを確認しましょう。

私は栄養のバランスがとれる食事の指導法や栄養管理の方法を研究し、将来管理栄養士として患者の方のQOLを第一に内面から支えていきたい。
幼い頃から体が弱かった私は、母の『栄養管理』のおかげで成長することができた。栄養の管理の重要性を感じている私は、管理栄養士となって、子どもが健全な生活を営む支援をしていきたいと考えるようになった。
　そのためには、食物や病気に関する様々な知識とコミュニケーション能力の2つの要素が必要だ！貴学では、基礎栄養学を始めとし、臨床栄養学、栄養教育実習といった栄養に関する幅広い知識とコミュニケーション能力を養うことができるカリキュラム、そして、教授陣が揃っている。
　将来、私は○○大学栄養学部管理栄養学科で身につけた栄養学に関する知識、実技能力、コミュニケーション能力を活用して、病気で苦しんでいる子どもを助けたいと考えている。

① 書き始めや段落を分ける場合には、最初の1マス目を空白にします。ただし、1マス目から書くように指示されている場合は、その指示にしたがいましょう。

② 横書きの原稿用紙で数字を用いる際は、漢数字とアラビア数字（1、2など）のどちらも使用できます。アルファベットや単位記号（㎞など）も使えます。アラビア数字やアルファベットを書く時は1ケタならば1マス1字、2ケタ以上であれば1マス2字で記すのが一般的です。

> **!注意** 縦書きの場合、数字は漢数字（一、二など）のみ用い、1字に1マス使用します。アラビア数字は使いません。アルファベットや単位記号はなるべく用いず、カタカナで表記します。ただし、資料の「表1」「図2」や「O-157」など慣用的にアラビア数字が用いられている単語の場合は、そのままアラビア数字を使います。

③ 句読点や小文字（っ、ゃなど）、カギかっこも1マス分使います。

④ 二重カギかっこ（『　』）は書籍の題名を記す場合や、カギかっこ内でかっこを使用する場合にのみ使います。通常はカギかっこ（「　」）を用います。

⑤ 記号（！や？）やコーテーションマーク（"　"）は使用しないようにしましょう。

⑥ 句読点・小文字・とじかっこが行の頭にくる場合は、直前行の最後の1マスに他の文字とともに記入します。

⑦ 最後のマス目に句点を一緒に書くと、字数オーバーと判断される恐れがあります。最終行に限っては句点も1字と数えましょう。

気をつけたい文章表現

表現・表記の気配りは、読み手が混乱することを防ぎ、こちらの意図を正しく伝えることにつながります。また、表現や表記の誤りは減点の対象となるので正しい表記を心がけましょう。

❖ 文章は短く区切る

文章が長くなると、主語・述語、修飾語・被修飾語の関係が曖昧になり、ねじれ表現(「私の夢は、弁護士になりたい。」のように、主語と述語がねじれている表現)を生む原因となります。

❌ 日本をはじめ、世界中で様々な科学・技術や制度・文化・思考が変化を続け、高度化していて、社会で起こる事象もそれに合わせて複雑化しており、こうした状況の中で適切な判断を行うには、広い教養や深い知識やそれに伴う思考レベルの高さが必要だ。

⭕ 日本をはじめ、世界中で様々な科学・技術や制度・文化・思考が変化を続け、高度化している。そして、社会で起こる事象もそれに合わせて複雑化している。こうした状況の中で適切な判断を行うには、広い教養や深い知識、それに伴う思考レベルの高さが必要だ。

❖ 呼応表現

「なぜなら」と書き始めたら「〜からだ。」で終わる表現を用います。「〜たり、〜たり」は特に誤りが多い呼応表現。また、呼応表現は一文中でのみ働くので、文をまたいで使用することはできません。

❌ なぜなら、人はそれぞれ違う。そして、価値観も人により異なるからだ。
⭕ なぜなら、人はそれぞれ違い、価値観も人により異なるからだ。

❌ リスクを回避したり、軽減するための取り組みが必要だ。
⭕ リスクを回避したり、軽減したりするための取り組みが必要だ。

❖ 漢字・送りがな・かな表記

漢字、送りがな、かな表記の誤りに気をつけます。漢字のあるものは原則漢字表記で書きます。特に思い出せない部分のみひらがなを使った、漢字かな交じりの表現は避けましょう。

❌ 忙がしい	❌ 短かい	❌ 不可決
⭕ 忙しい	⭕ 短い	⭕ 不可欠
❌ 価値感	❌ 決っして	❌ 少しづつ
⭕ 価値観	⭕ 決して	⭕ 少しずつ

句読点

読点を打ちすぎたり、また少なすぎたりしないように気をつけます。読点の位置で文章の意味が変わることもありますので、打つ位置にも気を配りましょう。

✘ 母に電話をして迎えに来てもらえるよう頼んだ。
◯ 母に電話をして、迎えに来てもらえるよう頼んだ。

文体の統一

志望理由書や自己PR文のような出願書類では、敬体(です・ます調)・常体(だ・である調)のどちらを用いてもかまいません。ただし、どちらかに統一しましょう。

✘ 一人の人間が持てる知識や技能には限界がある。すべての分野において深い見識を持つことは不可能です。
◯ 一人の人間が持てる知識や技能には限界があります。すべての分野において深い見識を持つことは不可能です。
◯ 一人の人間が持てる知識や技能には限界がある。すべての分野において深い見識を持つことは不可能だ。

会話調の表現・略語

「ちゃんと」「僕」などは会話調の表現なので、「きちんと」「私」などに書き換えます。ら抜き言葉(「見れる」「食べれる」)などの表現も避けましょう。

✘ そんな、こんな
◯ そのような、このような

✘ 〜じゃない
◯ 〜ではない

✘ 携帯
◯ 携帯電話

✘ 自分はこう思う。
◯ 私はこう思う。

✘ 色んな
◯ 色々な

✘ 部活
◯ 部活動

表現技巧

体言止め、倒置法、省略などの表現技巧を用いると、解釈を読み手に委ねることになりますので避けましょう。無意味なカタカナ書きの使用も控えましょう。

✘ 皆で考えるべきだ、環境保全の方法を。
◯ 環境保全の方法を、皆で考えるべきだ。

✘ 他者を思いやることがイチバンである。
◯ 他者を思いやることが一番である。

志望理由書　合格へのルートマップ

自分の人生を、自分の力でデザインします。「やりたいこと」、そして「やるべきこと」をはっきりさせて、大学で学ぶ意義を見出しましょう。

自分の「道」をつくる ── 「攻め」のキャリア形成

K（研究）──大学で取り組みたい研究課題を見つける（P.15, 18〜19, 91）

　キミはどういうことに興味・関心がありますか。また、興味がある分野に潜む課題に対して、どういう研究を行いたいのでしょうか。大学で取り組みたい研究課題を見つけ、生きるべき「道」を描きます。

D（動機）──研究課題に取り組む重要性を説明する（P.16, 20〜21, 92）

　なぜその研究課題にチャレンジする必要があるのでしょうか。キミが取り組む研究課題の重要性を述べ、志望学部・学科での学びに対する強い意志をアピールします。

S（選択）──志望校への進学の必要性を述べる（P.17, 22〜23, 93）

　数ある大学の中で、なぜその志望校を選んだのでしょうか。志望校が、キミが取り組みたい研究をかなえる基準を満たすことを確認した上で、研究する「場」を得るためには志望校への進学が必要であることを説明します。

自分の「志」を表現する ── 大学教員への説得

段落構成（P.108）

　KDSの法則をもとに、まず段落構成を考えます。一般的な志望理由書であれば、**K**（研究）・**D**（動機）・**S**（選択）を順番通りに述べます。大学によっては、「志望学部・学科の選択理由」「志望校の選択理由」を別々に記入するよう指示されることもあります。

表現・表記に気をつけながら（P. 8〜11）、**志望理由書を書く**

　実際に志望理由書を書きます。書き終わったら第三者にチェックしてもらったり、添削指導を受けて評価をしてもらったりしましょう。

Part 1
志望理由書 編

「攻め」のキャリア形成 KDSのルール

　志望理由書とは、なぜその大学・学部を選んだのかを説明する文章です。大学は、世の中で解明されていないことを明らかにする研究機関です。そして、多くの大学教員は研究者であり、研究の成果をもとに後進を育てる役割も担っています。研究者であり教育者でもある大学教員は、自らの手で育てたいと思い、かつ、自分自身の力で研究活動ができそうな受験生を入学させたいと考えています。

　したがって、志望理由書では**「私はこういう研究をしたい。だから、この大学・学部を志望した」**ということを書けばよいのです。自分自身が切実に感じている研究テーマを持っていて、その解明には志望校で学ぶことがふさわしい、と示しましょう。

　カンザキ流の志望理由書の書き方は、**「攻め」の姿勢**で積極的に大学で学びたいことを決め、**自らの力でキャリア（人生）を築こうとしている**ことをアピールするのが特徴です。それを法則にしたのが **KDS**のルールです。KDSとは次の3つの頭文字をとったものです。

　　Kenkyu（大学で取り組みたい研究）
　　Douki（研究を志す動機）
　　Sentaku（大学を選択する理由）

押さえたい **3つのポイント**

K（研究）

私は大学で、○○を研究したい。

D（動機）

その研究を志したのは、
△△という理由があるからだ。

S（選択）

○○という研究をするには、
□□大学への入学が欠かせない。

K（研究）

【何を研究したいのかをはっきりと決める】

大学が研究機関である以上、入学後どういうことを究めたり、解明したりしたいのか、その目星をつけておきましょう。

「大学でこの研究をし、成果を職業に活かしたい」というように、大学の研究についても触れ、他の受験生よりも意識が高いことを表現します。学びへの真摯な態度は、おのずと伝わるものですから、何を研究したいのか、しっかりと伝えるように心がけましょう。そうしてはじめて、大学教員に「この学びや研究が、我が大学でできるのか」といった視点で、キミの志望理由書を読んでもらえるのです。大学教員にマイナスの印象を抱かれるのを防ぎ、期待感を持たせる文章にするためにも、研究課題を定めましょう。

【大学の存在意義を意識して論じる】

大学で研究するのは、何のためでしょうか。それは、社会からの要請にこたえるためです。いまだ解明されていない事柄を解き明かし、社会や専門的研究に活かすために、研究者は存在しています。したがって、目的を述べる時には**「この研究は、このように社会（他者）の役に立つから」**という社会性・公共性の視点を持って述べるとよいでしょう。

- 大学の本分はあくまでも研究機関であり、単に職業訓練の場ではない。

- 「こういう研究をしたいから」と述べると、志望する大学へ進学する目的がはっきりと伝わる。

 D（動機）

【体験を整理する】

キミはなぜその研究にチャレンジしようと思ったのでしょうか。キミが取り組もうとしている研究を志した動機を述べて、志望学部・学科での学びに対する強い意志をアピールしましょう。

まずは、キミの体験を振り返りましょう。たとえば、学校での学びや出来事、部活動やボランティアでの体験、オープンキャンパスや大学の模擬授業など、研究テーマにまつわるキミの体験を整理していきます。そして、その体験を経て、**どのように考えて研究課題にたどり着いたのか、経緯を説明できるようにしておきましょう。**

【研究の重要性を述べる】

キミが大学で取り組みたい研究テーマを示す時、「私の研究は、**志望学部・学科において、どうしても取り組まなければならないものなのだ**（研究の重要性）」ということをしっかりと説明しましょう。ここでキミが本当に大学に進学したいのか、研究に対しての「**熱意**」があるかどうかがわかるのです。この説明を怠ると、うわべだけの印象で独自性がなく、誰が書いても同じような志望理由書になってしまいます。自分が定めた研究に自信を持って、真剣に志望学部・学科の志望理由を説明しましょう。

- 「大学で研究したい」というキミの熱意を伝えよう。
- 体験を整理して、動機をしっかりと説明しよう。
- キミが研究する事柄が重要なものであることを伝えよう。

S（選択）

【大学の選択基準をつくる】

　大学で取り組みたい研究がはっきりすると、大学で学ばなければならないことも明確になります。その内容を志望理由書の中に盛り込んでみましょう。「私が**研究を実現するためには、こういう学びや環境が必要**だ」と述べることで、入学後のビジョンを明確に持っている受験生であることをアピールできます。

　このまとめは、キミが大学を選ぶ基準を整理することと同じです。こうしたひと手間が、さらに選択理由を輝かせます。

【志望校を選んだ理由を述べる】

　大学は、本来は"学び"を基準に選ぶべきものです。よって、「学びたいことは○○大学ですべて叶う」ということをはっきりと述べて、大学への志望理由としましょう。その際、「○○大学では、私が学びたいことを学ぶことができ、研究環境も整っているから志望した」などと表現するとさらによいでしょう。こうして、**他の大学ではなく志望校を選んだ確固たる理由を述べる**ことができます。キミ自身が、大学で何を学ぶ必要があるのかじっくり考えることで、大学進学の意義が明確になるでしょう。

　大学を「教えてもらう場」といった受け身で捉えるのではなく、**学びたいことを自分で見つけ、自分で学ぶ**」という**攻めの姿勢**で考える、これがカンザキ流の志望理由書の書き方なのです。

- 研究に必要な学びや環境を整理し、大学を選ぶ基準を定めよう。
- 学びたいことを自分で見つける姿勢を持つことが、成功のカギである。

K（大学で取り組みたい研究）を明らかにする

「攻め」のキャリア形成 KDSのルール

>
> ❶ 大学で研究したいことをはっきりと伝えよう。
> ❷ 「就きたい仕事」をメインで語らないようにしよう。

「研究したいこと」を具体的に述べよう

　まずは「○○を学びたい」だけでなく、K（研究）まで踏み込んで述べましょう。それは、大学は世の中で解明されていないことを明らかにする（＝研究する）場だからです。したがって右ページの Before ①②のように研究したいことを曖昧に示すのでは足りません。 After ①②のように、学部・学科で学んだ末にどういったことを解き明かしたいのかをはっきりと述べましょう。そのためには、大学のホームページやパンフレットにあるカリキュラム、教員が専門としている分野をチェックして、どのような研究をしたいのかを決めましょう。おのずとキミの学びへの真摯な態度が大学教員に伝わることでしょう。

目的意識をはっきりさせよう

　研究したいことを示すには、目的を持ってその分野を志望していることをアピールしましょう。それが示されていないと Before ①②のように、自分の興味だけで選んでいるかのように見えてしまいます。 After ①②のように、その研究が社会や他者にどう役立つのかを明らかにして、文章に示しましょう。目的意識の高い志望理由書は大学教員の共感を得られやすいものです。

「この仕事に就きたいから」ではない

　 Before ③のように「小学校教員になりたいから、教育学部に進学したい」というものや、「弁護士になりたいから、法学部に進学したい」「公認会計士になりたいから、商学部に進学したい」といった具合に、職業と密接に関わる学部を選ぶ場合、将来の職業の話ばかりに終始しないようにしましょう。 After ③のように大学の研究についても触れておくとよいでしょう。「大学でこういう研究をし、その成果を職業に活かしたい」と述べるのです。大学はあくまで研究機関であり、職業訓練の場だけではないからです。そうすることで大学へ進学する目的がはっきりと伝わり、他の受験生よりも学びに対する意識の高さが表現できます。

「研究したいこと」を具体的に述べよう

Before

文学について学びたい。

→ 「○○学」というように、学部・学科名や学問の名称を示すだけでは不十分です。「文学」といえども扱う範囲は広いものです。物語を扱うのか、詩や和歌なのか、どの時代のものを扱うのか、「文学」だけでは伝わりません。

After

子どもの健全な成長に役立つ絵本をつくるために、児童文学作品について研究したい。

Before

法律関係のことを研究したい。

→ 「○○関係」と示したのでは、何を学びたいのかわかりません。「法律関係の研究」と表現しても、それを公法・私法の観点から捉えるのか、判例からなのか、法哲学といった分野から研究したいのか、伝わりません。

After

人権を尊重する法を立案する力を身につけるため、日本国憲法の基本的人権について研究したい。

Before

小学校教員になりたい。

→ 「○○という仕事に就きたい」と述べても、それは職業への希望にすぎず、大学で何を学びたいのかは読み手に伝わりません。これでは、大学側からの質問（大学・学部の選択理由）に答えられていません。

After

子どもによりよい教育の機会を提供するために、子どもたちとのコミュニケーションのあり方について研究し、その成果を小学校教員として活かしていきたい。

「攻め」のキャリア形成
KDSのルール

D（研究を志す動機）を示す

> **ポイント**
> ❶「問題発見・原因分析・問題解決」の3ステップを意識しよう。
> ❷「自分のため」ではなく「社会のため」に研究するという志を持とう。

🌱 体験を整理しよう

　体験を示した後、そのまとめとして「この勉強が楽しそうだから」「この分野に興味がある」という話で終えてしまう人が多いものです。しかし、本当にその分野に興味がある優れた人は、それだけで思考を止めません。

　「楽しそう」「興味がある」の状態から抜け出すためには、「掘り下げること」が大切です。まずは、動機となる体験を振り返り、「解決しなければならない問題はないか」「その時の課題は何だったのか」などと問題や課題を見つけてみます（**問題発見**）。次に、それらの問題が起こった原因は何なのか（**原因分析**）、と内容を掘り下げていきます。その上で、大学での研究をどう行えば問題を解決できるのか（**問題解決**）を説明していきます。この3つの過程を経ることが、キミを輝かせるポイントです。「自分の体験から問題や課題を探り、前向きに大学で学ぼうとしている」ということを示すようにしましょう。

🌱 研究の重要性を伝えよう

　キミたちの先輩が書いた志望理由書を見ていると、自己実現の大切さばかりが目立つものが多いように感じます。自己実現は、社会に貢献した活動の成果として得られるものです。大学側は、「自分のために研究したい」という受験生よりも、「社会のために研究したい」と志す受験生のほうを応援したくなるものです。自己中心的な動機ではなく、社会をよりよくしたいという志を持ちましょう。

　そのためには、キミの研究の可能性をアピールします。取り組む研究の成果を世の中の人々に還元した時、どのように社会貢献できるのかをまとめます。そして「○○のような問題を解決するために、私は研究テーマを定めた。△△のように社会に役立つ研究をしたいから、この学部・学科を志望した」というストーリーを述べましょう。

「研究を志す動機」を具体的に述べよう

Before

私はダンス部に所属しているが、演技をビデオカメラで撮影する時に限って失敗していた。「ミスをしないように」「周りに合わせる」といったことを気にしすぎ、思うように演技ができなかった。私のダンスをもっとよくするためには、腕を磨くことが必要だと思った。だから、心理と身体表現の研究が欠かせないと思った。

→ 研究を志した動機やその経緯を説明し、研究の重要性まで説明できています。しかし、「自分の技術向上のために心理と身体表現の研究をしたい」という趣旨であり、動機が自己中心的であることが気になります。また、なぜ周りを気にするとうまく演技ができないのか、しっかりと掘り下げて考えることができていません。

After

私はダンス部に所属しているが、映像における舞踊のあり方を深く研究する必要があると考えている。ダンスは観客に直接感動を与えるものだが、映像化した途端にその場の緊張感や臨場感が伝わりにくくなる。それは、映像化に伴って心の内面を追究し表現していく力がより必要なのに、技術面を向上させていくことに精一杯になりがちだからだ。

その解決のためには、心理学と身体表現論を通した学びが必要だ。心の奥にある喜怒哀楽の根拠や根源を見出すとともに、心の内面まで表現するための技法を実践的に学ぶことができれば、人の深層にある身体表現の可能性を引き出すことができると考えている。

> 「攻め」のキャリア形成
> KDSのルール

S（大学を選択する理由）を伝える

> **ポイント**
> ① 大学を選ぶ基準をつくるポイントは「学問領域・専門性・研究環境」の3点である。
> ② その基準を満たすことを志望校選択の理由とし、最後に抱負を述べよう。

🌱 大学を選ぶ基準をつくる

　まずは、キミが研究を進めるために必要な知識は何かを明らかにし、どういう学問を修めるべきなのかを整理することから始めます（**修めるべき学問領域**）。そして、キミがその中から特にどういう専門性を身につける必要があるのかを考えます（**専門性**）。もちろん、研究課題を達成するために必要な研究設備や指導してくださる先生の存在も欠かせません（**研究環境**）。なお、大学では、一般的に基礎的な事柄を習得するための講義は低年次に、応用的なことを取り扱う講義・演習・研究は高年次に設定しています。

🌱 志望校を選んだ理由を伝えよう

　大学のカリキュラムなどを参考にして、キミが望む学問が志望校で修められるのかどうかをチェックします（**学問と志望校との相性**）。また、研究環境が整っていることも確認し（**研究環境と志望校との相性**）、志望校へ進学すれば望む学問の研究が行えることを積極的に述べます。キミが望む「学び」と志望校での「学び」が合っていることをしっかりと説明し、「○○大学へ進学しなければならない理由」（**志望校への進学の必要性**）を大学側へ訴えましょう。

　その上で、将来、研究成果をどのように活かしたいのか、キミの積極的な学びへの姿勢をアピールして締めくくります（**抱負**）。「学び」に真正面から向かい合う受験生になったキミであれば、大学側も快く門を開いてくれるはずです。

「志望校を選択した理由」を具体的に述べよう

Before

私は教育現場のいじめ問題に対処するため、基本的な事柄だけではなく、現場で臨機応変に行動、判断できる力を身につけなければならないと思っている。そのために選んだのが○○大学である。たとえば、グループを作ってチームティーチング演習を実施するカリキュラムがある。いじめ問題に向き合わなければならない場面での対応の仕方まで環境が備わっている。また、教育実習にも魅力を感じた。将来は、いじめに関する専門的な知識を身につけ、生徒へのスムーズな対応を行い、教育のスペシャリストとして広く社会に役立ちたい。

→ まず、大学を選ぶ基準が曖昧で伝わりません。学問領域を詳細に示す必要があります。また、志望校の選択理由では、実習や演習の話に終始しており、授業や研究室についての説明がありません。実習・演習は座学・研究の成果を実践する場ですから、優先すべきは後者です。

After

私は教育現場のいじめ問題に対処するため、教育学だけでなく心理学も学びたい。○○大学ではこれらの基礎的な学習ができるようなカリキュラムがあるだけでなく、教育現場における問題を解決する「教育学研究プログラム」を選択することができるのが魅力的だ。それに加え、△△教授のもとで、教育心理学の視点から子どもがいじめを行う理由や背景、対処法を探っていきたい。いじめ問題は教育の現場で常に起こりうる問題だ。教員が誠実に対応してスムーズな学級運営を行うためには、大学での研究は非常に重要だと考えている。私は貴学において、生徒の心を健全に育むことができる能力を身につけ、将来は教育の現場でその能力を発揮していきたい。

Before→Afterで学ぶ「攻め」の技法

　ここまでで、志望理由書を書く時には、大学で取り組みたい研究とその動機を、大学選択の理由と結びつけることが大切だと学んできました（KDSの法則）。つまり、K（研究）を軸にして、話の筋道を整理しようということでした。

　キミが研究したいことを定めるためには、もちろん大学のパンフレットを読んだり、オープンキャンパスに出かけたり、書籍を読んだりしながら学問調査を進める必要があります。ただ、どう考えながらK（研究）を定めていいのか、戸惑うこともあるでしょう。

　その時に役立つのがこのパートです。先輩方がどのように志望理由書を練り上げてきたのか、その軌跡を見て勉強してもらおう、という趣向です。先輩方（とカンザキ）の努力と汗と苦悩の結晶である回答例を参考にし、キミの飛躍に役立ててください。

　なお、できる限り多くの受験生に役立つように、18の学部・学科の志望理由書を取り上げました。併せて、それぞれに合った「カンザキのアドバイス」や役立つ情報も掲載していますので、執筆の時の参考にしてください。

≫ このパートの構成 ≪

志望理由書回答例
Before→Afterで比較できます。先輩方がどう視点を変え、内容を掘り下げたのか、注目して読んでみましょう。

カンザキのアドバイス
多くの受験生の志望理由書と接してきた著者が、よくあるミスを、その修正方法とともに解説しています。

テーマ・体験と学問との関連
D（動機）となる体験や社会問題などは、K（研究）を引き出すための参考になります。

関連する職業
「こういう職業に就きたい」という希望があれば、それをD（動機）として掘り下げると、K（研究）が見つかることがあります。

学問紹介
代表的な講義の名称も挙げていますので、志望校のカリキュラムや大学教員の研究分野と照らし合わせて、キミのK（研究）を具体的にしましょう。

推薦図書の紹介
その分野の専門家が書いた書籍を読むことは、学問のさらなる理解につながり、K（研究）をより深いものにする手がかりになります。

段階別「攻め」のパターン

キミが置かれている状況によって、使い方が異なります。
1〜**3**の順に作業を進めましょう。

じっくりと考える時間があるキミには…
1 志望理由書回答例 After
2 「テーマ・体験と学問との関連」「関連する職業」
3 「学問紹介」

まずは**1**を読んで、「このレベルまで到達しよう」と目標を決めます。その後、**2**をもとに**K**（研究）と**D**（動機）を定めます。ここで、志望理由書回答例 Before の問題点と「カンザキのアドバイス」を参考にすると、ミスが未然に防げます。そして、**3**と志望校のカリキュラムや大学教員の研究分野を照らし合わせ、**S**（選択）を考えます。その後、実際に志望理由書を書いてみましょう。

既に志望理由書を完成させているキミには…
1 志望理由書回答例 Before の問題点
2 「カンザキのアドバイス」
3 「推薦図書の紹介」

志望理由書を書き終えた後でやっておきたいことは、ネガティブチェック（粗探し）です。面接試験で突っ込みを入れられて玉砕しないように、今のうちから対処しておきましょう。**1**・**2**でよくあるミスをチェックすることが先決です。その上で**3**を読みながら、**D**（動機）の内容をより深め、**K**（研究）をさらに具体的にしていきましょう。

入試直前で時間がないキミには…
1 「テーマ・体験と学問との関連」「関連する職業」
2 「学問紹介」
3 志望理由書回答例 After

入試直前に書き始めた志望理由書のミスとして、「**K**（研究）と**S**（選択）を無理やりこじつける」といったものがあります。そうならないように、**K**（研究）を先に定めてから**S**（選択）を考えるという基本を守りましょう。まずは、**1**で自分のネタになりそうなテーマ・体験をもとに、**D**（動機）を定め、興味のある学問を選び、**K**（研究）を決めます。**2**を読み、志望校のカリキュラムや大学教員の研究分野を参考に、**S**（選択）の理由として適切な授業・ゼミナール・研究室を選びましょう。その後、**3**をひな形にして志望理由書を書き上げます。

文学

 文学を通して、どのように社会貢献したいのかを考えよう。

Before

　私の遊び場は本の中だった。幼い頃、母は私を図書館に連れて行き、絵本を読ませることを習慣にしており、平仮名や漢字を覚える年頃になると、いつのまにか図書館の棚の本をすべて読み終えるほどの本好きになっていた。それが高じ、絵本作家になりたいという目標を持っている。その夢を実現するために〇〇大学文学部日本文学科で学びたい。

　今までの読書歴を思い起こし、文学を専攻したいと考えた動機を探ってみると、中川李枝子・山脇百合子著の『ぐりとぐら』を読んだ幼稚園の頃の記憶がすぐに思い浮かぶ。ページをめくると、鍋のふたを取った時に顔を出すふんわりとしたカステラが描かれている。これはぐりとぐらが作ったものである。幼い頃、このページを何度も開き、甘い香りを想像し、それを見て幸せに感じていた。しかし、今改めて読むと、文章にもおもしろさが隠れていることに気づく。たまごが大きすぎて運べないから、この場でカステラを作ろうとする２匹の行動に、チャレンジ精神や実行力、柔軟な思考を垣間見る。また、文字数を統一して展開することによって、テンポのよさが生まれ、展開におもしろさを感じる。この文章執筆の背景には、著者の保育士の経験があるそうだ。とにかく子どもが本のことが好きになるように願い、作られたそうである。リズミカルな文章、読み手の気持ちをほぐす配慮、メリハリのあるストーリー展開、これらはすべて子どもたちに向けた気配りであったのだ。私にとって、これらに気づけたのは大きな収穫であった。

　読み手は、過去の私のように登場人物を通して様々な人の目線で物事を考える。閉ざされた環境下にいる自分を解放し、別の世界を垣間見ることを求め、読書を楽しんでいるのである。著者はそれをしっかりと捉え、魅力ある作品を世に送り出している。私は、将来そうした絵本作家になりたいと考えている。そのために私は、〇〇大学文学部日本文学科に入学したい。

問題点

✗ **大学で研究したいことが伝わらない。…K（研究）の欠如**
絵本作家になるために、なぜ大学に進学しなければならないのかが伝わりません。

✗ **なぜ大学に進学したいのか、動機が伝わらない。…D（動機）の欠如**
絵本に関する感想は十分に伝わります。しかし肝心の「日本文学科を志望した理由」が伝わっていないのが残念です。

✗ **志望校を選んだ理由が伝わらない。…S（選択）の欠如**
「日本文学科を志望した理由」がはっきりしないので、「志望校を選んだ理由」もわかりません。

改善点

- 将来の目標とともに、大学で児童文学を研究したいという意志をはっきり述べる。
- なぜその研究課題に定めたのか、幼少期の体験をもとに動機を明確にする。
- 児童文学研究のために、どういう学びの場が必要なのか説明する。

After

　私の遊び場は本の中だった。それが高じ、絵本作家になりたいという目標を持っている。その基礎となる児童文学研究を進める[1]場として、○○大学文学部日本文学科を志望した。そして、将来は自らの児童文学作品を通して、子どもの健全な成長の支えになりたい。

　文学専攻を考えたのは、幼稚園の頃から愛読している中川李枝子・山脇百合子著の『ぐりとぐら』との出会いがあったから[2]だ。たまごが大きすぎて運べないから、この場でカステラを作ろうとする２匹の行動に、チャレンジ精神や実行力、柔軟な思考を垣間見る。また、文字数を統一して展開することによって、テンポのよさが生まれる。リズミカルな文章、読み手の気持ちをほぐす配慮、メリハリのあるストーリー展開、これらはすべて子どもたちに向けた気配りであったのだ。読み手は閉ざされた環境下にいる自分を解放し、別の世界を垣間見ることを求め、読書を楽しむ。私は、読み手に文学の奥深さや楽しさを伝えるだけでなく、その時代が求める子ども像を念頭に置き、子どもを健全に育むための作品を世に送り出せる作家として成長したい。[2]

　そのためには、現代の児童文学が描かれた背景や作者の心情、生活を知るとともに、時代に応じた技巧の変化や児童心理を学ぶ必要がある。その実現のため、○○大学文学部日本文学科での学びが不可欠である。文芸コースでは、○○教授が専門としている児童文学のゼミナールで教えを乞えるだけでなく、プロットや表現方法を作品に活かすカリキュラムが体系的に組まれている[3]ことが魅力的だ。また、必修科目にて日本文学に関する基礎事項を学べるだけでなく、他学部履修制度により児童心理学も学ぶことが可能[3]である。これらの環境のもと、子ども、そして大人になっても心に残る絵本を著すための根を育てていきたいと思う。これが、私が○○大学文学部日本文学科を志望した理由である。

---

[1] 大学で研究したいことが明確である。…K（研究）の明確さ

将来の目標を述べており、さらに第３段落では具体的にどういう研究を進めていきたいのかが読み取れます。目的意識が明確であると評価されるでしょう。

[2] 研究課題を定めた動機が明確である。…D（動機）の明確さ

幼稚園の頃の体験を、成長した自分の立場から再分析しています。その上で、研究の必要性についてもしっかりと述べることができています。

[3] 志望校を選んだ理由が明確である。…S（選択）の明確さ

志望学部だけでなく他学部での学びも欠かせないと述べている点に、視野の広さや思慮深さを感じます。将来への抱負も述べ、進学意識の高さがわかります。

カンザキのアドバイス

　文学系統の志望理由を書く時に難しいのは、**D**(動機)の中で「社会貢献」というオチが示しにくい点です。しかし、少し視点を変えれば、上手に表現できます。

　ひとつは回答例のように、**文学を通して他者を支える**という流れにすることです。「自らの作品をもとに子どもを支えたり、衰退しつつある文芸界に活気を与えたりする」という内容も考えられます。「国語教師として文学の楽しさを伝える」など、キミ自身が身につけた専門性を他者に伝えるという筋でもよいでしょう。キミが学ぼうとすることと他者がどう結びつくのか、関係をしっかりと捉えることが肝心です。

　もうひとつは、**文学研究の発展に寄与する**という筋でまとめることです。文学研究は趣味の色が濃く出やすいものですが、ここで「この研究を進めると、特定の時代や作家、作品の謎を解き明かすことができる」などと、研究を進めることで文学が発展するという筋を記すと、自己中心的な記述を避けることができます。

課題となるようなテーマ・体験と学問との関連

私たちの生活の中で文学に触れる機会は案外多いものです。読書や文章作成、日本語の使い方に対する疑問など、「言葉に触れる」という体験をもとに、研究課題を見つけてみましょう。

テーマ・体験	対応する学問
読書・現代文の授業における小説・詩・短歌の講読	日本文学(文学史、国語学、作家作品研究など)
日常生活で用いる日本語	日本文学(国語学、言語学など)
日本語の変化・乱れ	日本文学(国語学、作家作品研究など)
作文・論文の作成	日本文学(国語学、言語学など)
古典の講読・古典の授業における古文や漢文の講読	日本文学(文学史、国語学、作家作品研究など)
外国文学の読書・英語の授業におけるリーディング	外国文学(外国文学講読、作家作品研究など)

文学に関連する職業

文を書く仕事やことばを操る仕事、書籍に関わる仕事が想定できます。また、教員として活躍したり、研究者として文学研究を続けたりする道を選ぶ人もいます。

作家、編集者、ライター、記者、アナウンサー、コピーライター、翻訳者、学校教員、図書館司書、学芸員、日本語教員、研究者

学問紹介

文学部で主に文学作品の研究を行います。また、音韻・文法・語彙や民族の特性・他国との文学作品の比較も研究対象となります。

学問	内容	代表的な講義
日本文学	日本の文学作品が持つ特性や世界観、作家の思想、背景を研究します。また、特定の時期・地域の作品に共通している言葉の特性や法則を理解する言語の研究も日本文学研究のひとつの分野です。	**日本文学史**（日本文学の歴史、作品の時代背景や文化との関係を研究する） **国語学**（言葉をめぐる学問。文法、言葉の発生・変化、方言などが研究対象） **日本文学講読**（作品を読み、登場人物の感情などを考察する）
外国文学	外国の文学作品が持つ特性や世界観、作家の思想、背景を研究します。また、特定の時期や地域の作品が共通して持つ言葉の特性や法則を理解する言語の研究も外国文学研究のひとつの分野です。	**外国文学史**（外国文学の歴史、作品と時代背景や文化との関係を研究する） **外国文学講読**（外国文学作品を読み、登場人物の感情などを考察する） **作家作品研究**（特定の作家や作品を取り上げ、作品がつくられた背景や作者の人生観等を探る）

推薦図書の紹介

ここでは日本語に関する書籍を紹介していますが、興味のある作家の文学作品を取り上げて論じるのもよいでしょう。その時、言葉の用い方や作品ができた社会的背景に注目して分析し、作品のよさを探ってみましょう。

『日本語教のすすめ』鈴木孝夫　（新潮新書）

日本語という言語が歴史や地理的な観点に基づいて特性づけられていることを紹介するなど、日本語のおもしろさに気づける1冊。鈴木氏は言語学者。著書には『日本人はなぜ英語ができないか』（岩波新書）、『教養としての言語学』（岩波新書）など多数あり、どれも興味深い。

『日本語 表と裏』森本哲郎　（新潮新書）

「よろしく」「虫がいい」「こころ」「まあまあ」「もったいない」「ざっくばらん」など、具体例を取り上げながら、日常的に用いる日本語を考察した書籍。森本氏は日本の文明批評の第一人者とも呼ばれた（2014年没）。『ことばへの旅（上・下）』（PHP文庫）、『日本・日本語・日本人』（共著、新潮新書）など、著書多数。

『日本語練習帳』大野晋　（岩波新書）

日本語の骨格を説明し、技能を磨くためのトレーニングを意識した書籍。時代とともに変化する日本語をポジティブに捉え、日本語の理解を深めるために役立つ。大野氏は国語学者。『日本語の文法を考える』（岩波新書）、『日本語の教室』（岩波新書）、『日本語の起源』（岩波新書）など、著書多数。

心理学

ポイント 基礎心理学系・臨床心理学系のいずれを究めたいのか、考えよう。

Before

　私は臨床心理士として、心に問題を抱えている人の役に立ちたいと考えている。それは、最近のニュースを見ていると、様々な理由から心に問題を抱える人が増えていると思うからだ。たとえば児童虐待をする親は、自身の心を病んでいる。育児に疲れ、子どもにしつけと称して虐待し、ストレスを解消する。このように、心に問題を抱えている人々が他の人の心を蝕んでいるのだ。

　私は以前、学校に通えず、スクールカウンセラーに相談をしたことがある。1年間のカウンセリングの間、カウンセラーの先生には多くのアドバイスをもらった。最初のうちは話ができず、無言で帰ったこともあった。しかし、少しずつ気持ちが落ち着き、話せることを話してみようと思えるようになった。時には雑談に花が咲き、だんだんとカウンセラーの先生のことを信頼できるようになってきた。そして、時間はかかったが、学校へ通えるようになった。私のように相談相手がおらずに孤立する人が、現代社会には増えているような気がする。昔と比べて人間関係が希薄だからだ。そうした厳しい環境で人が生きていくには、カウンセリングは必要であるし、社会でも求められていると思う。

　臨床心理士を目指すためには、カウンセリングに必要な知識や経験だけでなく、心理学の基礎的な知識が必要だ。○○大学教育学部臨床心理学科では、基礎的な教育を重視しており、2年次以降は専門的な学びができるカリキュラムとなっている。臨床心理実験室をはじめとした設備が充実しているのも魅力的だ。また、大学院では臨床心理士の資格取得において必要な講義もある。このように学ぶ環境が整っているので、私は貴学を志望した。

　大学に入学したら、心理学についてしっかりと学んだ上で、大学院に進学したい。臨床心理士として活躍し、心に問題を抱えている人の支えになれるように頑張っていきたい。

問題点

✗ **大学で研究したいことが伝わらない。…K(研究)の欠如**
臨床心理士を目指していることは伝わりますが、大学での研究課題がわかりません。

✗ **研究を志した動機が的を射ていない。…D(動機)の欠如**
カウンセラーの道を志した理由は伝わりますが、心理学研究を志した動機ではありません。

✗ **大学を資格取得の手段として捉えている。…S(選択)の不的確さ**
大学を臨床心理士になるための手段として捉えており、研究機関として捉えていません。

改善点

● 大学で何を専門的に研究したいのかを明らかにする。少なくとも、基礎系・応用系のいずれを目指すのか、はっきりさせる。
● 心理学研究を志した動機を掘り下げる。
● 心理学研究を進める場として、志望校を捉えていることを伝える。

After

　学校には、何らかの問題を抱え、学校に通うことができずに苦しんでいる生徒が多くいるといわれている。現在、スクールカウンセラーが学校に派遣されるようになったが、まだ十分ではない。私は、<u>学校心理学を専攻して学校現場のカウンセリングの体制について研究し、心に問題を抱えている生徒の役に立ちたい</u>[1]と考えている。

　私は以前、学校に通えず、スクールカウンセラーに相談をしたことがある。最初のうちはカウンセラーと話ができなかったが、少しずつ思いを伝えられるようになり、登校できるようになった。それは、専門的なカウンセリングが効果を発揮したからだと考えている。傾聴を通して私との間に信頼関係を築いたり、コラージュ療法を用いて心の安定を図ったりしたのは典型例だ。しかし、<u>学校の先生方とカウンセラーの連携には問題があった</u>[2]と考える。なぜならば、私が<u>再登校した時、学校の先生方が対処に戸惑っていることを肌で感じた</u>[2]からだ。

　厳しい環境で心に傷を負った時の心理学的支援は欠かせない。そしてさらに重要なのは、学校現場に関わる人々が、心理学的な根拠をもとにして、再登校する生徒をどのように迎え入れるかということではないか。

　こうした体制を整えるためには、学校心理学をもとにしたシステム作りとともに、カウンセラーと学校の先生が心理学的知見を共有することが必要だ。○○大学教育学部臨床心理学科は、<u>基礎心理学の領域を万遍なく学べるカリキュラムを備えるとともに、その集大成として心理学実験演習で実証的な方法論を習得できる</u>[3]。そして、心理学を教育現場に活かす研究体制も充実している。たとえば、スクールカウンセリング研究を実践している<u>△△教授のもとで、理想的な支援体制を築くための教えを乞うことができる</u>[3]ことは、私にとって大きな魅力である。将来、スクールカウンセラーとして活躍し、心に問題を抱える生徒を支えるとともに、現場の先生方とカウンセリング体制のモデル作りを積極的に行っていきたいと考えている。

---

[1] 大学で研究したいことが明確である。…K(研究)の明確さ
学校現場でのカウンセリング体制を整えるために、学校心理学(応用心理学系)を専攻したいと主張しています。

[2] 研究課題を定めた動機が明らかである。…D(動機)の明確さ
自己の体験から、学校現場のカウンセリングについて研究する動機を明確にしています。

[3] 志望校を選んだ理由が明確である。…S(選択)の明確さ
臨床心理学系の研究に強みを持つ大学であるから志望したことをはっきりと述べています。

カンザキのアドバイス

心理学系統の学部・学科の志望理由書でよく見かけるのは次の2パターンです。

ひとつめは、「友人の気持ちが理解できなかったから、心の中を探りたい」などと、人の気持ちを知りたいという動機を述べるケースです。しかし、それは心理に触れた最初のきっかけを述べたにすぎず、心理「学」と呼べるまでの話ではありません。

もうひとつは「臨床心理士になるための勉強がしたい」と将来の職業を述べるケースです。動機としては多くの場合、臨床心理士やスクールカウンセラーに救ってもらったから、というものを挙げてきます。しかし、こうした記述は好ましくありません。大学は研究機関なので、資格取得はその成果であるべきです。

もっとアカデミックな話に文章を展開したいところです。体験を振り返り、その因果関係を解き明かす（もしくは心的問題を解決する）ためには**心理学のどの分野で研究を進めるべきなのか**、考えてみましょう。

なお、心理学系統の学部・学科には、文学部系統に属するところと、教育学部系統に属するところがあります。前者の場合は基礎心理学に強みを持ち、実験施設が充実していることが多いようです。後者の多くは臨床心理学に力を入れ、臨床心理士指定大学院を有することが多い傾向にあります。

課題となるようなテーマ・体験と学問との関連

私たちは人と触れ合いながら生きている以上、自他の心理に何らかの気づきを得る機会は多いものです。そうした経験から、どういった分野の研究を進めたいのか、考えてみましょう。

テーマ・体験	対応する学問
現代社会の授業で青年期の心理について学んだ経験	基礎心理学（実験心理学・発達心理学・認知心理学・行動分析など）
臨床心理士やスクールカウンセラーと接触した経験	応用心理学（臨床心理学・学校心理学・人間性心理学など）
学校の中での悩み（いじめ・暴力・不登校・ひきこもり・非行など）	応用心理学（教育心理学・臨床心理学・学校心理学など）
心理に関わる社会問題（環境問題・高齢化社会・高度情報化社会など）	基礎心理学（社会心理学） 応用心理学（環境心理学・健康心理学・家族心理学・経済心理学・犯罪心理学など）

心理学に関連する職業

人の心を支える仕事、心を読む能力を活かす仕事が想定できます。また、研究者としての道を選ぶ人もいます。臨床心理士になる場合は、大学卒業の後に指定大学院を修了し、臨床心理士資格審査を受ける必要があります。

臨床心理士、スクールカウンセラー、科学警察研究所研究員、家庭裁判所調査官、法務技官、心理判定員、病院での心理職、リサーチ関連企業、マーケティング職、人事・労務、学校教員、研究者

学問紹介

心理学系統の学部・学科での研究は、主に基礎心理学系統（科学的に心理の法則を探る）と、応用心理学系統（基礎心理学をもとに、生活の中で起こる問題を解決する）に分けることができます。

学問	内容	代表的な講義
基礎心理学	人の心理に関わる法則を導くために、心理の真理を追究する心理学。応用心理学の基礎となる。実験を中心に研究が行われる。実用性を求める応用心理学と対をなす。	社会心理学（社会における人間の行動に関する心理的な法則を導く） 認知心理学（見る・聞くなどの認知活動についての心理的な法則を導く） 発達心理学（人間が成長する時の心理的変化を研究する） 学習心理学（経験を通して行動が変化する過程を研究する）
応用心理学	基礎心理学で得た結果をもとに、実際の問題解決に役立てることを目的とする心理学。人々の心理や行動を健全にすることを目指す学問領域。右に挙げる代表的な講義のほかに健康心理学、教育心理学、家族心理学、経済心理学、産業心理学など、多岐にわたる。	臨床心理学（心理学を応用して精神疾患への援助と予防を行う） 学校心理学（心理学を応用して学校現場の問題に対処する） 犯罪心理学（心理学を応用して犯罪が起こる原因を探る） コミュニティ心理学（心理学を応用して社会全体への援助を行う）

推薦図書の紹介

心理学に関する書籍を書店で探すと、自己啓発本が多く、心理学を学問的に捉えるには物足りないものが多いようです。キミが専攻しようと思っている分野の名前がついている基礎的な大学の教科書（たとえば『基礎心理学』『臨床心理学』など）を読むと、その学問の概要がわかります。

『視覚世界の謎に迫る―脳と視覚の実験心理学』 山口真美 （講談社ブルーバックス）

視覚を例に、知覚がどのように発達したのか、実験心理学によって読み解く1冊。実験による研究を挙げながら、視覚がどのようにでき上がるのかを説明している。山口氏は心理学者で、乳児心理学を主に研究している。『赤ちゃんは世界をどう見ているのか』（平凡社新書）など、実験心理学に基づく著書が多数ある。

『サブリミナル・インパクト―情動と潜在認知の現代』 下條信輔 （ちくま新書）

意識されない情動の領域への働きかけは企業や政治でも利用されている。他者によって私たちが動かされやすくなっていることを、科学的に示している点が興味深い。下條氏は認知心理学者・認知神経科学者。『サブリミナル・マインド』（中公新書）、『〈意識〉とは何だろうか』（講談社現代新書）など、著書多数。

『フシギなくらい見えてくる！ 本当にわかる心理学』 植木理恵 （日本実業出版社）

心理学を、基礎から実践的な知識に至るまで解説している1冊。応用心理学に重きを置いて、広告やマーケティングといった心理学の応用事例を紹介している点が興味深い。植木氏は心理学者であり、臨床心理士でもある。『ウツになりたいという病』（集英社新書）など、ライトな心理学の書籍が多い。

外国語学・国際学

ポイント　「語学を身につけたい」だけでは終わらせない。

Before

　現代ではグローバル化が叫ばれ、ビジネスの現場でも英語を用いて対話することが求められる。私は英語を用いたコミュニケーションの方法を学び、能力を高めていきたい。

　私の通う高校では、ニュージーランドでの語学研修が行われる。研修の期間中、外国語学校に通い、英語を使って話をする。学校には様々な国の人がいるが、共通するのは英語である。だから、会話は英語で行う。英語は様々な国の人に使われているから、必然的に多くの国の人とコミュニケーションを取ることになる。英語を母国語とする人、そうではない人とコミュニケーションを取ることで、相手の価値観や文化を理解することがいかに重要かわかるようになった。これが、外国語を用いたコミュニケーションに興味を持ったきっかけである。

　自分の価値観を理解してもらえなかったり、反対に理解できなかったりしたこともあった。しかし、それこそが異文化コミュニケーションであろう。コミュニケーションの方法を身につけることで、互いの価値観が理解できる。こうした対話能力は、ビジネスの場面はもちろん、紛争や対立を防ぎ、共生社会を築く時に役立つのではないかと考えた。

　私は、コミュニケーション能力を高め、より多くの人と対話していきたい。英語の対話能力を高めることは、私にとって最も大切にしたいことである。その学びができるのは、○○大学外国語学部英語学科である。ここは、英語を習得するためのカリキュラムもあるので、能力を高めることができる。知識だけでなく、コミュニケーションそのものの理解もできる理想的な場なのである。社会に貢献するために、より深い英語の知識と経験を得て、多くの人の支えになりたい。貴学でじっくり学んで、力を蓄えたいと考えている。

問題点

✗「技術の習得」を主に語っている。
…**K（研究）の欠如**
英語の運用能力の習得をメインに述べ、大学で研究したいことがわかりません。

✗「問題発見・原因分析・問題解決」のストーリーが見えない。
…**D（動機）の欠如**
体験の中にある問題は何で、大学での学びをもとにどう解決したいのかが伝わりません。

✗ 志望校を選んだ理由がわからない。
…**S（選択）の欠如**
英語を習得するカリキュラムはどの外国語学部にもあります。志望校を選んだ積極的な理由が見当たりません。

改善点

- 外国語学部では語学を身につけることは当然だと考え、どのような専門分野の研究をしたいのかをはっきりさせる。
- 体験から課題や問題を見つけ、大学の学びでどう解決したいのかを述べる。
- 志望校を選択した積極的な理由を挙げる。

After

　現代ではグローバル化が叫ばれ、公用語として英語を用いての対話を求められる場面が増えつつある。そして、その対話には異文化理解が不可欠だと考える。したがって私は、英語圏に進出する人々に役立つ異文化理解プログラムを考え、構築する研究を進めたい[1]と考えている。

　私の通う高校では、ニュージーランドでの語学研修が行われる。私は研修の間、外国語学校に通い、英語を使って話をしていた。しかし、異文化理解という視点で振り返ると、必ずしも適切な対話ができていたわけではない。たとえば、私たち日本人ははっきりとした意思表示に抵抗感を覚える文化を持つゆえに、明確に断らずに態度で示そうとするが、ニュージーランド人やアメリカ人はそうした曖昧な態度を嫌う傾向にある。彼らにははっきりと断らずに態度で示そうとしていた私の意図は理解してもらえず、私は一方的に強い口調で主張する彼らに戸惑いを覚えた。

　英語による対話は技術だけでは成り立たない。互いの価値観や文化を理解することが不可欠なのである。[2]それが不十分だとカルチャーショックを受け、偏見を抱くことになる。私は、互いに健全な関係を保ちながら英語による対話を行う、異文化理解プログラムを開発する必要がある[2]と考える。これらのことは、ビジネスの場面はもちろん、紛争や対立の防止にも役立つのではないか。

　そのための学びができるのは、○○大学外国語学部英語学科である。ここは英語習得だけでなく、英語圏の国々の地域文化を総合的に学べるカリキュラムを有している[3]。また、異文化理解プログラムを高校教育の現場で実践する△△教授から学べる[3]ことは非常に心強い。異文化理解と語学習得が両立でき、異文化理解プログラムの構築も推進できる貴学は理想的な場なのである。最近は、グローバル化とともに共生社会の必要性が論じられている。共生社会を築く担い手として活躍するために、私はじっくりと貴学で力を蓄えたいと考えている。

---

[1] 大学で研究したいことが明確である。
… **K（研究）の明確さ**
異文化理解プログラムを構築する研究をしたいと、はっきりと述べています。

[2] 体験をもとに、研究課題の必要性を論じている。
… **D（動機）の明確さ**
語学研修の体験から、なぜ異文化理解プログラムが必要なのかを述べています。

[3] 志望校を選んだ理由が明確である。
… **S（選択）の明確さ**
異文化理解に即したカリキュラムと研究者の存在を根拠に、志望校への進学の必要性を論じています。

カンザキのアドバイス

外国語学系統の受験生の多くは「外国語を話す技術を身につけたい」「留学したいので外国語学部へ行きたい」と述べ、留学や修学旅行の体験をもとに、異文化理解の必要性を論じることに終始しがちです。外国語の習得だけに偏った記述となると、あまり評価されません。「外国語の習得ならば専門学校や語学学校などに進学すればよい」「留学ならば大学に行かなくてもできる」という反論も考えられるからです。

外国語学・国際学の目的は他国や地域、国際関係、言語学、異文化コミュニケーションなど、**外国研究を行うことにあります。**外国語学部で身につける実用的な外国語能力は、あくまでも研究を行うための道具として捉えるべきものです。したがって、外国語の習得や留学などの目的に偏った志望理由は不適切だということです。**外国語を習得した上で、**言語学・外国語教育・思想・経済・外交・歴史といった**専門分野を決め、具体的な研究内容を定めましょう。**また、外国語学系統の学部・学科では、入学時もしくは入学後に専攻する地域を選択することになりますので、その地域を考えておきましょう。

なお、外国語学（英語学、フランス語学、ドイツ語学など）はその地域の専門家を目指しており、文学の研究を行うとは限りません。いっぽう外国語文学（英米文学、フランス文学、ドイツ文学など）は、あくまで文学研究が対象となります。

課題となるようなテーマ・体験と学問との関連

外国人や外国語と接する機会をもとにして、研究課題を見つけてみましょう。できれば様々な体験を重ね、選択した地域に関する興味・関心を深めましょう。

テーマ・体験	対応する学問
海外旅行・留学・ホームステイの経験・外国人との対話	外国語学・外国研究
外国語（英語など）の授業における文章講読	外国語学
世界史の授業	外国研究
諸外国に関わる企業での職業体験	外国研究
諸外国に関する書籍の読書	外国語学・外国研究

外国語学・国際学に関連する職業

外国語のコミュニケーション能力を活かす職業が考えられます。教員として外国語教育を担ったり、企業で外国語運用能力を活かしたり、国際機関で活躍したりする人がいます。また、通訳や翻訳家を目指す人もいます。

学校教員、国際公務員、通訳、翻訳家、外資系企業、航空関連企業、研究者

学問紹介

言語を操る能力を高めるための研究も行われています。ほかに、諸外国の地域研究を行うなど、取り扱う研究分野は多岐にわたります。

学問	内容	代表的な講義
外国語学	対象となる言語の規則や構造を分析する学問。音声・音韻学(発音やアクセントなど言語の音声を研究する)、形態論(単語の成り立ちを研究する)、統語論(語が文を構成する仕組みを研究する)などがある。多くの外国語学部では、様々な講義の中で、これらを総合的かつ実践的に学べるようになっている。	外国語文法(文法を理解し、文法研究で用いる言葉や概念を学ぶ) 外国語会話(文法を学び、会話において運用する訓練を行う) 外国語講読(外国語の文章を精読し、読解力を身につける) 外国語文章表現法(外国語の文章を書く能力を身につける)
外国研究	諸外国について、それぞれの専門分野の視点から研究を進める。研究対象が幅広いため、言語・文化・政治・経済・歴史・思想など、分野を絞って講義や研究が進められる。	諸外国の言語学(諸外国にある独特の言語の法則について研究する) 諸外国の文化(諸外国特有の文化を研究する) 諸外国の歴史(諸外国の歴史を、文化・政治・諸国との関係と絡めて研究する)

推薦図書の紹介

ここでは、アメリカ・フランス・ドイツの文化や政治等に関わる書籍を紹介しています。書籍を探す際、キミが専攻したい地域の文化・政治・経済等を取り上げているものを選んでみましょう。

『超・格差社会アメリカの真実』小林由美 (文春文庫)

アメリカの現状を理解するための1冊。政治や経済の変遷を読み解きながら、アメリカ格差社会の構造を分析している。また、アメリカの歴史や歴史観・倫理観の成り立ちも理解できる。小林氏は、経営戦略コンサルタントでありアナリストでもある。

『フランス7つの謎』小田中直樹 (文春新書)

フランスの歴史を紐解きながら、フランスの特性を解説している。公共の場でのスカーフ禁止、頻発するスト、バイリンガル表記の標識など、フランスならではの特徴を例に挙げている。小田中氏はフランス社会経済史の専門家。『歴史学ってなんだ?』(PHP新書)など、歴史学についての著書も多い。

『現代ドイツ──統一後の知的軌跡』三島憲一 (岩波新書)

現代におけるドイツの政治や社会について説明している。特に、論争を偏った視点で捉えることなく、様々な立場から考察を加えている。三島氏はドイツ哲学者。『ニーチェ以後──思想史の呪縛を越えて』(岩波書店)、『ベンヤミン──破壊・収集・記憶』(講談社学術文庫)など、哲学に関する書籍が数多くある。

教育学

志望理由書 回答例 4

ポイント　「教員になりたい」ではなく、「何を研究したいのか」を考えよう。

Before

　私は、中学校の国語教員を目指しており、将来は教壇に立ちたい。私は国語が好きで、好きな教科を教えることを仕事にしたいと考えたからである。また、中学生は幼く未熟で、心に多くの問題を抱えていると思うので、私がそうした中学生を支えたいと思っている。

　最近のニュースで、中学生が問題を起こすことが報道されている。犯罪に手を染める中学生が大人になって、社会で認められる存在になることは非常に難しい。夜中にコンビニエンスストアの前で中学生らしき集団を目撃することがあるが、こうした中学生をどう健全に導いていくべきかを考えることが、社会の使命だと考える。犯罪に結びつきそうな中学生の問題行動は、未然に防ぐべきだ。また、学校においては、中学生の頃に学習習慣を身につけさせることが、将来の進路を考えるととても重要だと思う。私は中学生の頃に勉強をあまりしなかったが、国語の先生との出会いによって国語が好きになった。特に古文が苦手であったが、時代背景や用語解説など、国語の先生は色々と話してくれた。最初は国語の学習に負担感があったが、今では読むのが楽しくてしかたがない。よい先生との出会いが勉強の意欲を生むのである。私もこういう先生になり、中学生に勉強を促したい。

　そのためには、先生になるための基本的なことを学び、将来に備えていきたい。また、グローバル化や共生社会の重要性が叫ばれている現代において、国語教員も英語ができなければならない。〇〇大学教育学部では、この両方が学べる。加えて、中学校教諭一種免許が取得できるだけでなく、英語圏の人々の考え方が学べるカリキュラムも備わっている。広い知識と経験が得られる貴学を卒業したあかつきには、中学校の教員として、学んだことを活かしていきたい。国際感覚を持つ国語教員は、これから求められていくであろう。

問題点

✗ **大学で研究したいことが伝わらない。…K（研究）の欠如**
国語教員を目指していることは伝わりますが、大学での研究課題が伝わりません。

✗ **研究を志した動機がわからない。…D（動機）の欠如**
中学教員を目指す理由と国語にこだわる理由はわかりますが、教育学研究を志す動機は示されていません。

✗ **国語教育に焦点を当てていない。…S（選択）の不的確さ**
指導研究の場にふさわしい理由が述べられていません。また、英語習得の話をしているところは不自然です。

> **改善点**

- 国語科指導(もしくは中学生指導)で求められる研究とは何かを考える。
- なぜその研究が求められるのか、体験を重ねて考察する。
- その研究が志望校で達成できることを述べる。

After

　文章を深く理解する力は、これから社会に進出する上で非常に大切だといわれている。私は、生徒がいかに文章を理解する喜びを得られるか、国語教育の方法を大学で研究し、実践していきたい[1]と考えている。

　国語の教え方について考えるきっかけとなったのは、中学校の時の国語の先生との出会いである。「よい先生との出会いが勉強の意欲を生む」といわれるが、それは先生の指導に魅力を感じるからに他ならない。その先生は授業で、様々な教科をまたいだ作品の解説をしてくれた。社会の授業で学んだ源平の戦いが、古典の文章の中で具体的にイメージできた[2]衝撃は今でも忘れられない。だが、こうした授業に出会える機会は少ない。それは、国語の題材が他教科との関連を意識したものではなかったのが一因ではないかと考えている。そもそも、文章の深い理解は、背景への強い関心から生まれるものだ。他教科のカリキュラムや授業内容を理解し、取り扱う教材の順序を考えながら国語の授業を展開する[2]こうした取り組みは、国語への関心を生むだけでなく他教科への興味を抱かせ、読解力向上の手がかりとなるのではないか[2]。

　そのためには、国語の教授法の研究を行うとともに、複数の教科と連携した教科指導を考える場[3]が必要だ。○○大学教育学部での学びが魅力的なのは、この両方が行えるところである。そして国語科教育の専門家である△△教授をはじめとして、基礎から実践に至るまで、体系的なカリキュラムが組まれている。さらに、□□教授の教育方法のゼミナールは専攻する教科に関係なく、教授法や教育課程についての議論が行われている点も魅力的だ。私の目指す「他教科との関わりを意識した国語教育」を研究する場として、貴学は最もふさわしい[3]と考えている。貴学を卒業したあかつきには、国語教員として文章を理解する喜びを生徒に理解してもらえるよう、精一杯の努力を重ねていきたいと考えている。

---

[1] 大学で研究したいことが明確である。…K(研究)の明確さ

文章への興味・関心を引き出す国語教育の方法を研究したいという意図が伝わります。

[2] 研究課題を定めた動機が明らかである。…D(動機)の明確さ

自らの国語の授業の体験をもとにして、他教科との関連の重要性を説明しています。

[3] 志望校を選んだ理由が明確である。…S(選択)の明確さ

国語教育とともに他教科との連携ができる場であると、志望校選択の理由を説明しています。

カンザキのアドバイス

　教育学系統の志望理由書でよくあるミスは、研究ではなく職業選択に焦点を当てて論じてしまうところです。教育学部に入学を希望する受験生の多くが教員志望であるがゆえの問題といえるでしょう。「教員になりたい」と主張し、教員を志望した動機を語り始めてしまう志望理由書をよく見ます。それでは大学を教員養成施設のように捉え、教育学を研究する場であるという意識が希薄だと捉えられかねません。また、他の受験生との差別化も図れません。**教育学の中でどういった研究を進め、専門性を持ちたいのか**を明らかにしましょう。

　また、志望理由書では学校種（小学校・中学校・高等学校など）や教科を選択した理由も述べることになりますが、「私は○○という科目が好きだから、よさを知ってもらいたい」「子どもが好きだから、小学校教諭になりたい」といった理由を挙げがちです。前者であれば「自分が好きだからといって、その思いを相手に押しつけることにはならないか」、後者では「自己中心的な理由で教員を目指すのか」といった反論が考えられます。

　キミが選択した学校種で、効果的に教科教育をするためには大学で何を研究すべきか、また、その目的は何なのかということを**「問題発見・原因分析・問題解決」**の順序で、落ち着いて考えていきましょう。

課題となるようなテーマ・体験と学問との関連

最も扱いやすい体験は、学校での授業です。専門的な内容にしたいのであれば、大学のオープンキャンパスや模擬授業の体験を組み合わせたり、教育関連の書籍を読んで内容を深めたりしてみましょう。教育現場での問題を挙げるのもよいのですが、「いじめをなくそう」といった道徳論に終始せず、教育心理学や教育社会学など、学問的な視点から分析することが必要です。

テーマ・体験	対応する学問
授業の体験	教育基礎学、教科教育学
学校の先生へのインタビュー	教育基礎学、教科教育学
学力低下・ゆとり教育・活字離れ・理科離れ	教育基礎学、教科教育学
いじめ問題・不登校・非行・学級崩壊	教育基礎学

教育学に関連する職業

学校教員を目指す人が多いものの、地域や学校種・教科によっては競争率が高いところがあります。講師業をはじめとした教える仕事、教育関連の企業、子どもと接することの多い仕事を希望する人が多いようです。

学校教員、インストラクター、塾講師、ピアノ講師、英語講師、日本語教員、児童福祉司、社会教育主事、教育関連の出版社・教材会社、法務教官、研究者

学問紹介

おおよそ教育の基礎をなす学問領域と、教科教育の領域に分けることができます。前者は教育哲学・教育史学など、教育の本質や原理を学びます。後者は具体的な教科の内容などを研究対象とします。

学問	内容	代表的な講義
教育基礎学	教育研究の基礎的な部分を対象とする。教育学・社会教育学・教育心理学等の視点から、学校教育の本質や原理について研究する。	**教育哲学**（教育に関する課題について、哲学的な分析を進める） **教育史学**（教育の形態や教育制度、教育思想といった教育の歴史を学ぶ） **社会教育学**（生涯教育など、社会において行われる教育について研究する） **教育工学**（工学で得た技術をもとに、教育方法を研究する）
教科教育学	学校教育における教科に関する内容を対象とする。教科の内容・カリキュラム・教育方法・教材などについて、理論的・実践的な研究を進める。	**国語科教育学**（国語科教育に関する理論・実践・歴史等を取り扱う） **英語科教育学**（英語科教育に関する理論・実践・歴史等を取り扱う） **社会科教育学**（社会科教育に関する理論・実践・歴史等を取り扱う） **数学科教育学**（数学科教育に関する理論・実践・歴史等を取り扱う）

推薦図書の紹介

教育学系統の学部・学科を目指すからには、教育の基礎について学べる書籍を通読しておきたいところです。キミが受けた授業での体験を振り返りつつ、書籍の内容を照らし合わせると、新たな気づきが生まれることでしょう。

『教育入門』 堀尾輝久 （岩波新書）

近代以降の学校の歴史をたどり、教育に関する課題についての考察を加えている。教育の本質を突く書籍であり、教育学を専攻する人にじっくりと読んでもらいたい1冊。堀尾氏は教育学・教育思想史の専門家。『現代社会と教育』（岩波新書）など著書多数。

『やさしい教育心理学』 鎌原雅彦・竹綱誠一郎 （有斐閣アルマ）

大学の入門テキストとして、よく利用されている本。認知・学習・社会心理・発達・臨床と教育心理学で取り扱う範囲を網羅している。高校生でも読むことができるほど、読みやすい内容である。鎌原氏と竹綱氏はともに教育心理学の専門家。

『教育の方法』 佐藤学 （放送大学叢書）

教育方法論を展開する1冊。世界の教育動向を踏まえ、教員がどのように実践的な問題を解決すべきか、示している。佐藤氏は教育学者。著書に『「学び」から逃走する子どもたち』（岩波ブックレット）、『オッリペッカ・ヘイノネン―「学力世界一」がもたらすもの』（共著・NHK出版）などがある。

志望理由書 回答例 5 　幼児教育学・保育学

ポイント　「幼稚園教諭（保育士）になりたい」だけで終わらせない。

Before

　私は、子どもたちを大切に預かる幼稚園の先生になりたい。その実現のため、子どもたちに関することや、幼稚園の先生になるために必要な知識を学びたいと考えて、○○大学幼児教育学部幼児教育学科を志望した。

　幼児教育に興味を持ち始めたのは、私が小さい頃に通っていた幼稚園の先生との出会いがあったからだ。私はその先生がとても好きだった。その先生はいつも笑顔で明るくて、何事にも一生懸命取り組んでいて、園児に平等に接していた。私は毎日幼稚園に通うことが楽しくなり、お遊戯や工作、外遊びに夢中だった。相撲ごっこをした時も、体が大きな子同士、小さな子同士で組み合わせを考えてくれた。怪我をした時や、うまく用が足せなかった時も、優しい笑顔で対応をしてくれた。友達と喧嘩をした時、先生が優しい口調でなだめてくれたことも覚えている。登園と退園の時には、必ず握手をして、私の目を見て、挨拶してくれる。こうした毎日は、私にとってとても楽しい日々だった。私のことをしっかりと受け止め、わかってくれているという安心感があった。私はそのような先生の姿を見て、「私も将来、先生みたいになりたい」と思った。

　私は子どもを大切にでき、子どもからも保護者からも信頼される幼稚園の先生になりたい。このような幼稚園の先生になるためには、今の私には足りない、子どもたちに関する知識を得たり、実体験を通して学んだりする必要がある。そのために私は、子どもたちについての知識を実習や毎日の授業を通して学べ、実習の回数も多く、その実習を通して子どもたちのことを知ることができ、また、就職へのサポートもしてくれる貴学を選んだ。

　貴学に入学できたなら、子どもたちについての知識を学び、子どもたちから好かれ、保護者が安心して子どもを預けられるような幼稚園の先生になりたい。そして、それを目指して、毎日努力し、頑張っていきたい。

問題点

✗ 大学が研究の場であるという意識が希薄である。
…K（研究）の不的確さ
幼稚園の先生になるための、知識習得の場として大学を捉えている点が問題です。

✗ 研究を志す動機が示されていない。
…D（動機）の欠如
幼稚園の頃の思い出話と幼稚園教諭への憧れに終始し、幼児教育学の研究を志す理由が示されていません。

✗ 志望校を選んだ理由が曖昧である。
…S（選択）の不明確さ
知識や実体験は、どの大学でも得ることができます。志望校でなければならない理由が示せていません。

改善点

- 幼児教育学の分野で、何を研究したいのかを明らかにする。
- 幼稚園教諭を志す動機ではなく、幼児教育学の道を志した理由を述べる。
- 研究を行う場として、志望校への進学が最も適切であることを説明する。

After

　私は、大切な子どもたちを健全に育てる専門家になりたい。そのために、**様々な物事に疑問を持ち、自発的に考える力を備えた子どもを育てる方法を大学で研究したい**[1]。

　幼児教育に興味を持ち始めたのは、私が小さい頃に通っていた幼稚園の先生との出会いと、高校生の時の保育ボランティア経験による。**ボランティアに行った時、最も興味深かったのは、工作の時間のことであった**[2]。園児はその工作の時間中、様々な試行錯誤を繰り返していた。大きな画用紙に、折り紙を大きくちぎって貼りつけたかったのに、貼りつけてみてはじめて小さくちぎってしまったことに気づいたり、青色の絵の具の上に黄色を塗ると緑色になったりすることを、作業の中で理解していた。このような気づきを経て、園児は自分のイメージするものを作り上げていくのだ。幼稚園の先生は、それらの気づきを与えるために、そっと声掛けをする。「大きく貼るにはどうすればいいかな」と考えさせたり、「緑色になるのはおもしろいよね」と楽しさを共有したりする。こうした役割に徹し、子どもの創作活動を支援することは、子どもに物事を考えさせ、意欲を高めさせることに役立つ。**このような支援のあり方を考えることは、自主性や想像力を養い、子どもを健全に育成するためには不可欠なことだと考える**[2]。

　こうした教育法を考え、実践するためには、幼稚園や保育所の事例研究を進める環境が必要だ。その場として、〇〇大学幼児教育学部幼児教育学科が最もふさわしいと考える。それは、**幼児教育の基礎から実践的な指導法まで、段階を追って学習できるカリキュラムがある**[3]からだ。また、保育の支援や身体表現を研究課題としている△△教授がおり、**効果的な教育法について指導が受けられる**[3]ことも、私にとって心強い。

　幼児教育の専門家は、子どもや保護者の支えになるという社会的役割もある。将来はこれらの役割も果たす専門家として活躍できるよう、毎日努力し頑張っていきたい。

---

[1] 研究したいことをはっきりと述べている。…K(研究)の明確さ
目的意識を明確にし、自発性を養うための教育法を研究したいという意図が伝わります。

[2] 研究を志した動機が明らかである。…D(動機)の明確さ
ボランティア体験を素材にして、教育法への関心について、詳しく述べています。

[3] 志望校を選んだ理由を述べている。…S(選択)の明確さ
教育方法を研究するための環境が備わっていることが説明できています。

カンザキのアドバイス

幼児教育学系統の志望理由書の典型的なミスは、大学への志望理由と幼稚園教諭・保育士の志望理由を混同してしまうパターンです。「私は幼稚園教諭(保育士)になりたい」と述べ、その憧れを延々と書き連ねていくものをよく見かけます。

特に、自分自身の園児の頃の体験だけをもとにして、幼稚園教諭(保育士)を志したと論じるものが多く、「現実を直視せず、憧れだけで幼稚園教諭(保育士)を志したのか」という反論が起こる恐れがあります。たしかに幼児教育学系統の学部・学科を志望する以上、幼稚園教諭や保育士になることを目指すのはわかります。ただ、それだけでなく、幼児教育学系統の分野でどういうことを研究したいのかを、明らかにすべきです。

自分が幼稚園や保育所に通っていた体験だけでなく、ボランティアや職業体験、オープンキャンパスなど、**複数の体験を積み重ねてK(研究)を論じましょう**。幼児教育学に関連する書籍をもとに、アカデミックな内容にすることができれば、さらによいです。

志望理由書を書き進めるうちに、いつの間にか幼稚園教諭(保育士)を志望する理由にすり替わっていくことも多いので、あくまでも**大学で研究したいことについて焦点をおく**ことを意識しましょう。

課題となるようなテーマ・体験と学問との関連

幼稚園や保育所に通っていた経験など、幼児教育に直接関係する体験が望ましいでしょう。一方、待機児童・子育て支援などに着目する受験生もいますが、こうした取り組みは幼児教育学よりも政策学などで取り組むのがふさわしいといえます。

テーマ・体験	対応する学問
幼稚園・保育所に通っていた体験	幼児教育学、保育内容学
保育のボランティア	幼児教育学、幼児心理学、保育内容学
弟・妹の世話	幼児教育学、幼児心理学、保育内容学
大学のオープンキャンパス・模擬授業	幼児教育学、幼児心理学、保育内容学

幼児教育学・保育学に関連する職業

幼児教育学系統の学部・学科では、幼稚園教諭免許と保育士免許を取得できるため、多くは幼稚園や保育所に就職します。また、福祉の現場で活躍する人もいます。

幼稚園教諭、保育士、福祉施設の職員(児童養護施設・障害者施設など)、一般企業、研究者

学問紹介

「幼児教育学」「幼児心理学」「保育内容学」が代表的な学問領域です。幼児教育学と幼児心理学は基本的な理論について、保育内容学では具体的な保育に関する事例に基づいた研究をしていきます。

学問	内容	代表的な講義
幼児教育学	幼稚園・保育所における幼児教育や保育の基本的な考え方を学ぶ。また、幼児教育方法や教育思想家、幼稚園・保育所の変遷も研究対象となる。	**幼児教育方法論**(幼児教育方法の基礎理論を学び、家庭と幼稚園・保育所との連携も考察する)
幼児心理学	乳幼児の心理の発達(認知・自我の発達、情緒の発達、社会性の発達)について学ぶ。	**発達心理学**(乳幼児期から児童期、青年期、成人期、老年期にわたる人間の心と行動を、生涯発達的および比較文化的・臨床的観点から学ぶ)
保育内容学	乳幼児の心身の発達に即した保育の内容(環境・言葉・人間関係・健康・表現)を学ぶ。	**健康論**(子どもの身体発育や生理機能・運動機能・精神機能の発達を把握、疾病・事故の予防に必要な知識を学ぶ) **保育内容論**(子どもたちの生活、保育の内容、保育がもたらす地域や子どもへの影響などを学ぶ)

推薦図書の紹介

「幼児教育」「保育」という名がつく書籍の多くは、学問的な裏づけのないものです。読書をするならば、そうした書籍は避けておきたいものです。ここでは、幼児教育学・保育学の入門としてふさわしい書籍を紹介します。

『人間の教育(上・下)』フレーベル (岩波文庫)
フレーベルは、19世紀前半に活躍したドイツの教育者。幼稚園の生みの親といわれている。子どもの可能性を信頼し、どのように伸ばしていくべきかを述べている。幼児教育を志すものであれば、「Kindergarten(幼稚園)」という言葉を造った彼の思想に一度触れてほしい。

『現代保育学入門―子どもの発達と保育の原理を理解するために』諏訪きぬ (フレーベル館)
大学のテキストとして広く採用されている1冊。子育てにおける家庭や社会の役割から、保育者の役割や今後の保育における課題まで俯瞰できる。諏訪氏は保育学の専門家。子育て支援のためのNPOの代表として活躍している。

『子どもが育つ条件』柏木惠子 (岩波新書)
子どもの「育ち」について、家族関係や親子の心理の変化に着目しながら論じている。家族に対する意識や役割がどのように変化してきたのか、また、どのような育児だと子どもが健全に育つのか、様々な知見が含まれた1冊。柏木氏は発達心理学・家族心理学の専門家。著書に『親と子の愛情と戦略』(講談社現代新書)、『よくわかる家族心理学』(ミネルヴァ書房)などがある。

生活科学・家政学

志望理由書 回答例 6

ポイント 就きたい職業だけではなく、研究課題を明確にしよう。

Before

　私は、個人に合った栄養補給をするアドバイスができるようになりたい。そして、それを管理栄養士になった時に活用していきたい。

　私が栄養に関心を持ったのは、部活動で日々の食生活が乱れた経験をした時だ。1日3食を摂ることができないこともあったし、夜遅くに食事をするなど不規則な食生活になってしまったのだ。また、夏には冷たい食事が増え、栄養が偏りがちで、体調を崩すこともあった。正しい食生活を送ることは非常に大事だが、難しい。乱れた食生活をなおせば、健康を害することが少なくなるだろう。また、調理法を工夫して短時間で調理できれば、さらに豊かな食生活を営むことができるに違いない。たとえば、夏バテを予防するために、様々な具材を用いた簡単そうめん料理を考えることもできる。野菜をふんだんに使って、生活習慣病を予防する料理を作ることもできる。体調管理は健康な体を作ると思うので、そうした提案をしていきたい。多くの人が食に関する知識を持ち、自らの力で健康を管理することができれば、これほどうれしいことはない。そして、そうした方法を考えることで、社会に大きく貢献できるのではないかと考えている。

　そのためには、食べ物がどういう役割を果たすのか知ることが必要なので、大学では食について研究したい。貴学では、栄養士免許を取得でき、管理栄養士国家試験の受験資格が得られる。また、基礎的な学力を備えるためのカリキュラムや指導体制が整っている。化学や生物を基礎から学べ、栄養学の基礎もしっかりと学ぶことができる。さらには、調理実習の回数も多く、現場に慣れることができる点も貴学を志望した理由のひとつである。

　将来は大学で得た栄養学の力を用いて、さらに食への知識を深めたい。そして、栄養士として活躍し、食への意識を高めることがいかに大切か、より多くの人へ伝えていきたい。こうして、社会に役立つ人材に成長したいと考えている。

問題点

✗ 大学で研究したいことが曖昧である。…K（研究）の欠如
大学でどういう研究をしていきたいのか、具体的に示されていません。

✗ 研究を志した理由が伝わらない。…D（動機）の欠如
「栄養補給」をテーマにしていて、その動機を述べるべきなのに、健康管理の話にすり替わっています。

✗ 志望校を選んだ理由が適切でない。…S（選択）の不的確さ
志望校を選んだ理由に資格取得の話を盛り込むなど、大学を研究の場として捉えていない記述の多い点が問題です。

改善点

- 栄養学の視点をもとに、どのような研究を進めていきたいのかを明確にする。
- 栄養学の道を志した理由を、しっかりと述べる。
- 志望校を栄養学研究の場として捉える。

After

　「おいしいものほど、害がある」と私は母から言われ続けて育ってきた。たしかに、糖分や塩分、油分が多い食べ物は健康を害するものだということはわかる。しかし、そうしたおいしさと健康とを両立させることは本当にできないのだろうか。私は、大学で 調理科学の研究を行い、それらが両立できる調理法を考えていきたい。[1]

　私が調理科学に関心を持ったのは、自分の食生活を振り返った時だ。食べ物によって、ひとくち食べてから食欲が湧いたり、反対に食べたくなくなったりすることがある。たとえば夏の暑い時期はそうめんや冷やし中華など、冷たくて酸味や塩味が効いた食べ物は食べ続けられるが、味の薄い食べ物はすぐに食べづらくなってしまう。その理由は、味や香りにある[2]と考える。口や鼻からの情報は大脳皮質や脳の扁桃体を通じて視床下部に伝わり、食欲を増減させるのだ。このことから、私は調理法を工夫することで食欲を増進させることができないかと考えた。たとえば、適度に塩味を感じつつ、香りや酸味を加えて塩分を控える調理法を考えることが挙げられる。味覚異常や生活習慣病のリスクを減らしつつ、おいしさを保つのである。おいしさと健康を兼ね合わせた調理方法を研究することは、豊かな食生活をもたらす[2]に違いない。私はこういう調理法を数多く見出し、人々の生活の質を高め、社会の役に立ちたい。

　そのためには、味や香りと食欲との関係を探る力を身につけることが必要である。そうした場として、私は〇〇大学生活科学部食物栄養学科を選んだ。貴学では化学や生物を基礎から学べ、栄養学の基礎をしっかりと学ぶことができる。△△教授より 生理学的に味覚を捉える視点を学ぶことができ、[3]さらに、調理科学の研究の第一人者である□□教授のもとで 味覚を意識した調理方法を研究することができる[3]点も魅力的である。

　私は将来、大学で得た栄養学の知識をもとに、多くの人々に調理法を提案し、健康を支えていきたい。そして、栄養士として活躍し、社会に役立つ人材に成長したい。

---

[1] 大学で研究したいことが明確である。…K（研究）の明確さ

調理科学を活かした調理法を研究し、おいしさと健康を両立したいという意図が伝わります。

[2] 研究を志した動機がはっきりとしている。…D（動機）の明確さ

自らの食生活を振り返り、問題点を探った上で、調理科学を活かした調理法の必要性を述べています。

[3] 志望校を志す理由をしっかりと論じている。…S（選択）の明確さ

調理科学と調理方法の研究がともに行える場として、志望校を捉えています。

6　生活科学・家政学

カンザキのアドバイス

生活科学・家政学系学部の志望者の多くは、将来の職業を決めた上で学部・学科を選ぶ傾向があります。「管理栄養士になりたいから栄養学部」「服飾デザイナーになりたいから被服学科」といったものです。そして、多くは自分の体験をもとに職業選択の理由を示します。しかしながら、上記のような職業に就くならば、専門学校進学を目指すほうが適切な場合も多く、大学へ進学する理由が不明確になりがちです。**大学で研究したいことを明確に述べ、職業選択の理由については補足程度にしておくのがよいでしょう。**

また、学問を表面的に捉えた記述が多くなりがちです。たとえば「おいしいと言われる食事を提供したい」「皆に"かわいい"と言ってもらえる服を作りたい」「人の目を引くインテリアデザインをしたい」といった主張です。しかし、大学教員はこうした記述を好みません。感覚的に「おいしい」「かわいい」「目立つ」ということを目的とするのは、学問に真正面から向き合えていないと捉えられるのです。それぞれの学問がどういう目的で行われているのか、**その学問領域でキミは社会にどう貢献していきたいのか**、じっくり考えてみてください。

課題となるようなテーマ・体験と学問との関連

この分野は、身近な体験を起点にしやすいのが特徴です。多くの受験生が似たような事例を挙げるので、独自性が出にくいのです。体験の考察だけで終わらせず、専攻する学部・学科に関連する読書等を行い、内容を深めていきましょう。

テーマ・体験	対応する学問
読書（書籍、雑誌等）	食物学、栄養学、被服学、住居学
食事をした（作った）経験	食物学、栄養学
ダイエットなどの生活体験	食物学、栄養学
服を選んだ（作った）体験	被服学
自分の部屋の観察、リフォーム等の経験	住居学
家庭科の授業、調理部・手芸部等の部活動	食物学、栄養学、被服学

生活科学・家政学に関連する職業

専攻する分野に関係する職業に就くことが多いようです。また、資格取得（もしくは受験資格取得）の後に活躍する人もいます。

[食物学・栄養学] 栄養士、管理栄養士、フードスペシャリスト、給食センター・病院・学校・保健所職員、食品関連企業、学校教員、研究者

[被服学] アパレル企業、繊維メーカー、服飾デザイン会社、流通関係企業、学校教員、研究者

[住居学] 建築士、インテリアプランナー、住宅メーカー・設計事務所、家具メーカー

学問紹介

人間の生活には欠かせない衣・食・住を研究対象としているのが生活科学・家政学です。食物や栄養・被服・住居など、取り扱う対象ごとに学問領域が分けられています。

学問	内容	代表的な講義
食物学	食物と栄養に関して科学的視点から考察。豊かな食生活と健康な社会の実現方法を研究する。	**食生活論**(日々の食事を文化的・歴史的な視点から考える) **食品衛生学**(食品の安全性、悪化防止の方法などを研究する)
栄養学	食物が人間に対してどのように機能するかなど、人間栄養学的な研究を行う。	**臨床栄養学**(病状や栄養状態から、適切な栄養指導の方法を研究する) **栄養機能論**(食品の栄養機能、嗜好機能、生理機能などについて研究する)
被服学	被服、ファッション、よそおいを扱う学問。服装、化粧、理髪、美容が対象となる。	**衣生活論**(衣服の起源や変遷をたどり、衣服の持つ機能や役割を正しく理解する) **被服心理学**(心理的要因や服装について、社会や文化と関連づけて考察する)
住居学	建物の構造、設備、インテリア、そこに住む家族構成など様々な要素を考慮し、安全で快適な住空間を研究する。	**住生活論**(現代の住宅の変遷と、人の暮らしや文化から住居を考察する) **住居意匠学**(住まいから見た住居の問題点を理解し、建築についての知識を学ぶ)

推薦図書の紹介

生活科学・家政学系統の書籍は実用書が多く、学問を見渡すものになかなか出会うことができません。大学で用いられる入門用のテキストや、研究者が論じた書籍を探ってみると、学問の全体像が理解できます。

『栄養学を拓いた巨人たち』杉晴夫 (講談社ブルーバックス)

栄養学を確立した研究者とその苦闘を描いている。解糖系やクエン酸回路を解明する過程や、ビタミン欠損による病気の実態を解明しようとする研究者の姿が興味深い。杉氏は日本の生理学者。『生体電気信号とはなにか』(講談社ブルーバックス)、『人類はなぜ短期間で進化できたのか』(平凡社新書)など、著書多数。

『衣服と健康の科学』日本家政学会被服衛生学部会編 (丸善出版)

衣服と健康の関係について論じている。衣服を着た時の体や心の変化について、睡眠・スポーツ・ファッション・高齢者・子どもといった切り口で語っている。日本家政学会は1949年に設立された学会で、日本学術会議の登録学術団体である。『アパレルと健康―基礎から進化する衣服まで』(井上書院)などがある。

『基礎シリーズ 最新住居学入門』後藤久(監修) (実教出版)

大学のテキストとしても使われており、住居と環境・設計・管理・インテリアについて、幅広く解説している本。監修の後藤氏は、著書『西洋住居史―石の文化と木の文化』で日本建築学会賞を受賞している。

志望理由書 回答例 7

法律学

ポイント どういう法律の研究をしたいのか、明らかにしよう。

Before

　最近、ニュースや新聞で悲惨な事件や事故をよく目の当たりにする。交通事故や事件を未然に防ぎ、市民が平和に暮らせるように支えたいので、私は法律学を勉強して、将来は警察官になりたいと考えている。

　私が警察官になろうと決めたのは、中学生の時である。私が住む地域は、ひと昔まで国道沿いだけでなく住宅地まで暴走族が頻繁に行き来するところであった。真面目に暮らす住民たちは、彼らの行動に憤りを覚えていた。そこで、自治会は警察に夜間の巡回を依頼し、取り締まりが毎晩行われるようになった。懸命に取り締まっている警察官を見ていて、市民のために働いているのだと思うと、私もそういう立場で活躍したいと考えるようになった。

　私の住む町では現在、朝晩2回の警察の巡回があり、市民の平和を守るために休みなく活動してくれている。さらに自治会でも防犯パトロールを行っている。こうした取り組みにより、暴走族がやってくることはほとんどなくなった。現在、我が町の犯罪件数は非常に低い。空き巣や窃盗事件はここ数年なく、交通事故も起こっていないのだ。こうした継続的な取り組みによって、市民の平和が保たれている。このように、交通違反の取り締まりや地域のパトロールを積極的に行うことで犯罪や事故を防ぎ、より平和な社会になるのだ。そして、私はその一員となって社会に貢献したい。

　そのためには、日本の法律の基本を学び、どのような状況で法律が適用されるのか学んでいきたい。また、警察官採用試験に合格するための力も必要だ。○○大学法学部法律学科では公務員コースを設置しており、公務員になるための教養を身につけることができる。さらに、公務員試験対策講座では入門講座をはじめとした講義がたくさんある。このように警察官採用試験対策が充実し、警察官になるために必要な知識を学べる環境がある貴学に入学したいと考えている。将来は大学で学んだ法律を活かし、犯罪や事故を防ぎたい。そして、社会に貢献できる警察官を目指したい。

問題点

✘ **大学で研究したいことが伝わらない。…K（研究）の欠如**
警察官を志望していることはわかりますが、法律学の分野で何を研究したいのかが伝わりません。

✘ **研究を志した動機が伝わらない。…D（動機）の欠如**
警察官を志望した動機や防犯パトロールの大切さは伝わりますが、研究を志す動機はわかりません。

✘ **志望校の選択理由が研究とかけ離れている。…S（選択）の不的確さ**
警察官採用試験対策ができるという理由は、志望校を選択する理由としてはふさわしくありません。

改善点

● 警察官志望の話は外し、法律学研究に目を向ける。
● 法律学の道を志す動機を述べる。
● 法律学研究を進めるには、志望校への進学が欠かせないことを説明する。

After

　人は誰もが安全に生活したいと願っている。私は、犯罪と刑罰に関する法がよりよい方向に変化しつつあることを、高校の公民科の授業で学んだ。私は、法による犯罪抑止効果について研究し、将来は人々の安全を守る担い手として活躍したい[1]と考えている。

　私が公民科の授業で学んだことは、法の不完全さとその改善の必要性であった[2]。今までは加害者の人権を保障することに重点が置かれたり、既存の刑事法での解釈では取り締まりができなかったりする事態が起こっていた。そうした問題を解決するため、新たな法律の制定が検討され始めたのである。たとえば2000年に制定されたストーカー規制法は、ストーカーに対して軽犯罪法違反でしか取り締まりができなかった状況で殺人事件が起こった事態を重く受け止めて、制定されたものである。刑事法は加害者の量刑を定める役割を担う一方で、未然に犯罪を防ぐこともできる。ただし、立法する時には人身の自由との兼ね合いを検討する必要がある。日々変化する犯罪に対応するために、どのような法を制定し、また、法をどのように用いて解釈すべきかを考えていくことは、必ず安全な生活を営む糧となる[2]。そして、人々の生活の質を高めるためには欠かせない[2]ものとなるだろう。

　そのためには、刑事法を取り巻く問題を探り、法の運用や立法の方法について研究するための学びが欠かせない。〇〇大学法学部法律学科は、刑事法研究が盛んであることが魅力だ。刑事法や刑事政策の基礎を段階的に学ぶことができる[3]だけでなく、現代社会の問題と法律学との関係を論じる特別講義が充実している[3]。また、刑事法を専門としているゼミナールがあり、そこでは日常生活を脅かす犯罪に対してどのように刑事法を運用すべきか考えられる[3]。私は将来、警察や検察という立場で犯罪を防いだり、政策を立案する立場から人々の安全な生活を考えたりする役割を担いたい。そして、より平和な社会を築く担い手として、貢献できる人材を目指していきたい。

---

[1] 大学で研究したいことがわかる。
…K（研究）の明確さ

法による犯罪抑止効果について研究をし、人々の安全に役立たせたいという意思が伝わります。

[2] 研究を志す動機がはっきりしている。
…D（動機）の明確さ

ストーカー規制法を例に、法の解釈や立法による犯罪防止研究の重要性を述べることができています。

[3] 志望校を選んだ理由を述べている。
…S（選択）の明確さ

法による犯罪抑止効果の研究を行う場として、志望校がふさわしいことを主張しています。

カンザキのアドバイス

法律学系学部の志望者には、警察官や公務員、弁護士・検察官・裁判官といった職業を目指す人が多いものです。そして、その職業を目指す理由を挙げ、法律学を学びたいと論じる傾向にあります。また、大学で行われている資格試験講座を大学の講義だと勘違いしているケースも目立ちます（資格試験講座は外部の業者が実施することが多く、単位が認定されることはあまりありません）。このように、多くの受験生が法律学研究という視点を欠いて論じますから、他者と差別化できません。大学側からは「警察官になるのなら、大学に行かなくてもよいのではないか」「弁護士になりたいといえども、どういう専門性を持って取り組もうとしているのか、志が見えない」という反論が考えられます。

問題は職業から法律学の必要性を考えることにあります。そうではなく、**法律学への興味を起点に、キミが研究したい法律学の分野やテーマを定めましょう**。なお、書く際、**公法・民事法・刑事法・国際法・基礎法学など、分野を絞って論じる**ことが大切です。ただし、取り上げる体験は慎重に吟味しましょう。たとえば、正義感あふれる幼少期の話を持ち出し、強引に法律論に持ち込むものがあります。このように体験が法律に関係のないものになると、話が逸れて法律の大切さを漠然と語るだけの志望理由書になってしまいます。

課題となるようなテーマ・体験と学問との関連

法律問題に関係する直接的な体験があればベストですが、そうでなくてもニュースや新聞、書籍の内容が素材となることもあります。高校の公民科の授業をきっかけとしてもよいでしょう。

テーマ・体験	対応する学問
犯罪にまつわるニュース	実定法学（刑事法、公法）、基礎法学
家族や日常生活に関わる法律問題	実定法学（民事法）、基礎法学
教育現場に関わる法律問題	実定法学（公法）、基礎法学
紛争、貿易問題、国家間対立に関する法律問題	実定法学（国際法）、基礎法学
高校の公民科の授業	実定法学（公法、国際法など）、基礎法学
法律問題に関する読書	実定法学（公法、民事法など）、基礎法学

法律学に関連する職業

最難関資格である弁護士・裁判官・検察官をはじめとして、法に関わる仕事は数多いものです。また、公務員や民間企業を目指す人、在学中に各種資格を取る人もいます。

弁護士、裁判官、検察官、司法書士、行政書士、社会保険労務士、宅地建物取引主任者、公務員、裁判所事務官、警察官、民間企業、学校教員、研究者

学問紹介

具体的な問題に対して法をどう適用するのかを研究する実定法学と、法の基礎を研究する基礎法学に分けられます。実定法学の対象は、大きく公法（憲法・行政法・租税法・刑法など）と私法（民法・商法など）に分かれます。

学問	内容	代表的な講義
実定法学	法律を、具体的な問題に適応させて研究する。法律が持つ意味を探る法解釈学と、立法について考える立法学に分けられる。	**憲法学**（日本国憲法の基本原理を学び、人権や統治機構について研究する） **民事法**（市民の権利・義務やそれに関わる法について研究する。民法が代表例） **刑事法**（犯罪や刑罰に関する法について研究する。刑法が代表例） **国際法**（国家間の関係を規律する法について研究。条約と国際慣習法が対象）
基礎法学	法に関する基礎的な研究を行う。法哲学や法社会学、法史学、比較法学が代表例である。	**法哲学**（哲学的な方法や態度によって法の原理を研究する） **法史学**（法の歴史について研究する） **法社会学**（様々な法制度の機能と構造を社会学的な観点から研究する） **比較法学**（各国の法を比較する） **法政策学**（法学の知見をもとに、社会問題の解決方法を探る）

推薦図書の紹介

法律学に関する書籍は数多く、文庫や新書のように手に入りやすいものもあります。ここでは裁判に関する書籍を取り上げていますが、他にも日本国憲法・民事法・刑事法に関する入門書を読むのも有効です。

『人が人を裁くということ』小坂井敏晶　（岩波新書）

市民の司法参加が義務として捉えられる日本と、権利として理解される欧米の違いは何によるのか。これらを考察し、裁判という営みの本質に迫る。小坂井氏は社会心理学博士。著書に『異邦人のまなざし』（現代書館）、『社会心理学講義〈閉ざされた社会〉と〈開かれた社会〉』（筑摩書房）などがある。

『権利のための闘争』イェーリング（村上淳一訳）　（岩波文庫）

イェーリング[1818-1892]は、ドイツの法学者。この本は100年以上前の著作で、権利侵害に対して法廷等で徹底して闘うことは、単なる損得の問題ではなく、自己の尊厳を回復するための倫理的自己保存であり、法を実現するための義務であると説いている。法学を学びたい人は是非一度読んでおいてほしい。

『小説で読む行政事件訴訟法』木山泰嗣　（法学書院）

この本を読み進めるにつれて「行政事件訴訟法は難しい」というイメージは払拭され、身近に感じられるようになるだろう。法科大学院生の主人公が、法律事務所の研修で体験した裁判実務を通して、行政事件訴訟法をストーリー仕立てでわかりやすく解説した1冊。木山氏は弁護士。

政治学

志望理由書 回答例 8

ポイント　「公務員になりたい」だけでは終わらせない。

Before

　私は、アレルギー疾患を抱えている。将来は、私と同じようにアレルギーのある子どもが楽しく暮らせるような手助けをしたり救ったりする仕事に就きたいと考えている。

　私が子どもの頃、通っていた保育園の先生にやさしくしてもらっていた。私はぜんそくを患っていたが、保育園で発作を起こした時には、親が迎えに来るまで一生懸命に世話をしてもらった。一緒に遊んでくれたり、助けたりしてくれた。私がわがままを言った時には、一方的に注意するわけではなく、やさしい眼差しで私をたしなめ、よき方向へ導いてくれた。やさしかった保育園の先生の姿を思い起こすと、今でも胸が熱くなる。私もこの先生のように常にやさしく、また、アレルギーを持つ子どもに発作が起きた時には適切に対処し守れるようになりたい。そうした子どもが遠慮なく遊び、楽しめる環境を作りたい。そのためには国や地方公共団体の仕組みを変えなければならず、公務員試験に合格しなければならない。

　そのために、公務員になれる学校に行かなければならない。試験に合格して、就職するのを助けてくれる大学に行きたい。そうでなければ、進学は意味がない。仕事に就いた日のことを想像すれば、どんな苦労も乗り越えられる。

　○○大学法学部政治学科では公務員試験に合格するための講義が用意されており、勉強に不安がある私であっても安心だ。また、実習も充実していて、早く行政の現場に慣れることができる点も魅力的だ。校舎も新しいし、オープンキャンパスで出会った先輩たちも教授もやさしく、雰囲気がとてもよいと感じた。こうした自然環境が豊かなキャンパスで、たくさん友達を作り、地方自治体に就職できるといいと思った。だから、貴学を志望した。

　大学に進学したら、アルバイトや部活動に積極的に参加し、学生生活を楽しみたい。そして、早く公務員になって活躍したい。

問題点

✗ 大学で研究したいことが伝わらない。…K（研究）の欠如
アレルギー疾患の子どもを救いたいという夢を語るのはよいのですが、そのために大学で何を研究するか書かれていません。

✗ 研究課題の重要性が書かれていない。…D（動機）の欠如
肝心の研究課題が明確ではありません。また、自己中心的な視点からしか語っておらず、偏りのある印象はぬぐえません。

✗ 志望校を選んだ基準が適切でない。…S（選択）の不的確さ
大学は研究機関であるという視点を欠く記述です。資格取得のための手段としか捉えていないのが残念です。

改善点

● 大学を資格試験予備校のように捉えない。
● 職業選択の理由ではなく、政治学の研究を志した動機を述べる。
● 自己中心的な動機を述べない。社会貢献を意識して動機をまとめる。

After

　世の中には、アレルギー疾患を患っている子どもたちが数多く存在する。私は大学で、公共政策学に軸足を置き、このような疾患を患う子どもの社会活動を活発にするための公共施設の運営方法を研究していきたい。[1] 私がこう考えた理由は、私自身が幼い頃に小児ぜんそくを患っていたという経験による。特に辛かったのは、学校行事や家族旅行などで発作を起こしたことであった。吸入器やネブライザーで措置をした後、病院へ担ぎ込まれることも幾度かあり、幼心に生活の制限に苛立っていたことを覚えている。

　私のようにアレルギー疾患を抱える子どもは日本に90万人以上存在するといわれているが、現状では自己防衛する他はなく、活動制限を強いられる。[2] だから、宿泊施設や医療・福祉施設、公共施設の環境整備などをすることで、社会活動の場を広げることが必要だ。そうすることで 他の子どもたちと一緒に生活したいという彼らの切なる願いを叶え、自立的な生活を支援できる [2] と考える。その実現には、アレルギーフリーの公共施設を運営するための対応マニュアルや環境整備の方法を生み出さなければならない。私には、その基礎となる公共政策学やアレルギーフリーに対応した施設環境の整備方法を研究する場が必要だ。

　○○大学法学部政治学科で学ぶことが最適であると考えたのは、こうした分野における 専門家から教えを乞える [3] からだ。たとえば、医療・介護分野の公共政策を専門とする△△教授より、政治学・行政学の立場から、行政やNPOと企業の連携のあり方について学べる。そして、組織・経営・医療・環境・観光といった専門分野からも考察できるカリキュラムが組まれている [3] ことも魅力的だ。私が入学したあかつきには、貴学において主体的に学び、将来的に多くの子どもを救う手段を生み出していきたいと考えている。

---

[1] 研究課題がはっきりしている。…K（研究）の明確さ

大学でどのような学問を修め、どういう研究を行いたいのか、具体的に述べることができています。

[2] 体験による動機の説明ができている。…D（動機）の明確さ

体験をもとに、なぜ「アレルギー疾患の子どもの社会活動の方法」を研究したいと考えたのか、社会貢献の視点を持って説明することができています。

[3] 志望校を選んだ理由が書かれている。…S（選択）の明確さ

志望校において、「学び」や研究環境がどのように整っているのかを述べ、志望校の選択理由をまとめています。

カンザキのアドバイス

政治学系統の志望理由書でよくあるのは、公務員やマスコミ業界への就職を意識しすぎて、政治学研究を志す動機が曖昧なケースです。志望校の選択理由を「就職のフォロー体制が万全だ」「就職対策講座がある」などと示しがちで、政治学の"研究"を志しているのか疑わしい記述になっています。また、政治学と職業を無理に結びつけようとして、こじつけの文章にもなりがちです。志望理由を考える時には、**まず政治学研究と就職を切り離して**考えてみましょう。政治学の分野でどういう研究をしたいのか、まずは学問と向き合うべきです。その上で、**政治学の知見が仕事でどう活かせそうか**、改めて考えてみましょう。

ほかには、「今の政治は税を使いすぎる。無駄遣いをなくすために政治を勉強する」などと、現状の政治を一方的に批判し、表面的な記述に終始するケースもよくあります。政治のあり方に対して批判的な視点を持つことは悪くありませんが、なぜそういう問題が生じるのか、その**原因や背景をしっかりと探ってから論じる**ことが大切です。そのためには、書籍等を参考にしながら、考えを深める必要があります。

課題となるようなテーマ・体験と学問との関連

高校生は政治に参加する体験がないので、高校の授業やニュースを素材にして考えていくことになるでしょう。また、地域が抱える問題を探り、その解決を政治学の力で行いたいというストーリーも考えられます。

テーマ・体験	対応する学問
高校の公民科の授業	政治哲学、政治科学
政治にまつわるニュース(小さな政府、地方分権、格差社会の是正、税制、環境問題など)	政治哲学、政治科学
地域が抱える問題(人口減少、少子高齢化、子育て、地域経済の衰退など)	政治科学
国際政治にまつわるニュース(貿易の自由化、食料自給率、紛争・戦争、国家間対立、外国人労働者の増加など)	政治科学

政治学に関連する職業

政治学を直接必要とする仕事は、公務員や政治家などが考えられます。また、学校の教員として活躍する人もいます。ただ、多くは民間企業への就職が多く、中にはマスコミ業界を志望する人もいます。

民間企業、公務員、政治家、国際公務員、学校教員、研究者

学問紹介

政治学は、おおまかに政治哲学(政治に関する哲学)と政治科学(科学的な手法を用いて政治の過程を分析する学問領域)に分けることができます。また、政治学についての研究は哲学のみならず、歴史や法律学、経済学、社会学、心理学などの分野からアプローチすることがあります。

学問	内容	代表的な講義
政治哲学	政治の本質や価値、原理など、政治の規範を考える。	**政治思想論**(政治思想の歴史的展開、政治学の基本概念などについて学ぶ) **選挙制度論**(政権交代・政党分裂や、比例代表制など選挙制度について学ぶ) **社会運動論**(日本の社会の政治展開過程を学ぶ)
政治科学	政治現象を科学的に究明する学問。	**権力論**(政治においての権力について学ぶ) **政治・社会論**(各時代・各国の社会的背景を踏まえながら政治を分析する) **政治過程論**(統計学的・科学的な手法を用いて政治の過程を分析する) **比較政治論**(他国の政治について、歴史・政治・国際関係などを学ぶ)

推薦図書の紹介

ここで取り上げる書籍は、政治思想や政治制度の構築について解説したものです。政治学を学びたいのならば、民主主義の歴史を辿ることを勧めます。

『民主主義という不思議な仕組み』佐々木毅 (ちくまプリマー新書)

民主主義の歴史について、ポリスの民主制からアリストテレスの政治論までが書かれており、引用されている書籍も偏りがない。民主主義を考える最初の本としてはふさわしいだろう。佐々木氏は、法学博士であり第27代東京大学総長。著書に『政治の精神』(岩波新書)、『プラトンの呪縛』(講談社学術文庫)などがある。

『国際関係がわかる本』原康 (岩波ジュニア新書)

1999年の本なので内容が古い部分もあるが、国際社会のルールや国境を越えた人類共通の理念づくりまで語られている。国際関係の諸問題(コソボなど)の具体例も示されており、世界情勢・問題を考察するにはよい本となっている。原氏は、国際ジャーナリスト。著書に『国際機関ってどんなところ』(岩波書店)などがある。

『政治学』アリストテレス (岩波文庫)

人間は本性上ポリス(国)的動物である、という有名な定義で知られている。この本は1961年に岩波文庫から翻訳・出版されて以来、長年にわたって読み続けられている「古典」にも分類できる政治学の本だ。言葉は驚くほど平易なので高校生でも読める。プラトン・ソクラテスの主張とは多くの違いがあるので、併せて読むとさらにおもしろいだろう。

経済学

志望理由書 回答例 9

ポイント 経済への興味で終わらせず、経済学の分野における課題を探ろう。

Before

　私は経済学を勉強し、応用していきたい。そして、将来は金融関係の仕事に就き、銀行業務に携わりたい。

　経済に興味を持ったのは、日本と世界の経済活動についてのニュースを見てからである。不良債権問題で破綻する銀行が多かったということを、政治経済の授業で知った。その際、銀行に公的資金を投入し、金融システムを安定化させるといった方法を取った日本政府の対応が本当によかったのか、気になっている。銀行の破綻を防いだとはいえ、その資金源は私たちの税金である。航空会社の破綻を防ぐために公的資金が投入された時には、さすがに疑問を抱いた。そういう経済安定策は本当に適切なのだろうか。今後は人口が減少し、成熟した経済になるといわれる一方、税収も減少する。そうした時に、今までのような経済政策で本当によいのか、もっと議論が必要である。

　また、東日本大震災の被災地においては、復興とともに地域経済の活性化が求められている。多くの人々を支えるためには、経済学の知識が必要だ。お金の流れを学び、日本経済の活性化を目指したい。加えて、デフレーションを解消する方法や、増税時の社会保障など、私が知りたいことが多くある。経済の歴史やその仕組みを知り、経済理論をどう応用すれば日本の経済を分析できるのか、グローバル経済の中で日本はどうすべきか、時代を先読みすることが必要だ。

　そのためには、大学で深く学ぶ必要がある。物事を広い視野で考える力が求められているからだ。そのために選んだのが、○○大学経済学部経済学科である。日本の経済の基本を学び、学年を重ねるごとに応用的な授業が行われる。たとえば、入門経済学の授業で経済学を基礎から学べる。そうした中で経済学を学び、広く社会に役立ちたい。銀行業務の仕事に就き、夢を実現できるように資金を貸し出し、様々な人々を支えられるように頑張っていきたい。

問題点

✗ 大学で研究したいことが伝わらない。…K（研究）の不明確さ
経済学のうち、どういう分野で、どのような研究を進めていきたいのかが伝わりません。

✗ 研究を志した動機の説明に一貫性がない。…D（動機）の不明確さ
経済政策、地域活性化、社会保障、経済分析と多岐にわたる話題が示され、一貫性のある動機説明とはいえません。

✗ どういう専門性を身につけたいのかがわからない。…S（選択）の不明確さ
基礎から応用まで学べるという理由を挙げていますが、研究したいことがはっきりせず、曖昧さが残る記述です。

改善点

- どういう目的で、どう経済学研究を進めていきたいのか、明らかにする。
- 研究を志した動機を絞り、ストーリー性を持たせる。
- 志望校を選ぶ動機を、より専門的な視点で述べる。

After

　大規模な災害が発生すると、人々の生活や生産活動に大きな支障を来す。私は **経済学の視点から復興の方法を考え、地域経済の活性化の担い手になりたい。**[1]

　私は、東日本大震災で被災したひとりである。震災の後は東北や北関東にある工場が稼働できず、放射性物質の影響で農作物が出荷できない事態となったことを覚えている。他方、日用品の買い占めが起こり、被災地だけでなく全国的に物不足が起こった。しかし、品物の価格は私が **高校の公民で学んだ価格メカニズムの通りにはならなかった。**[2] 品物のほとんどは、物不足の直後に価格が上がらなかったのである。一方で、インフレーションを引き起こす可能性は依然として残り、私たち被災者の生活に大きな影響を与えかねない状況が続いた。私はその時、未曽有の災害によって突然、需要と供給のバランスが崩れると、復興を妨げる恐れがあると思った。そして、**こうした災害の際に経済をどうコントロールすれば復興ができるのか、という課題に取り組まなければならないと考えた。**[2] 経済学の立場から政府に助言を与えることで、市場を復活させる支援をするのである。もちろん、価格を監視してインフレーションを防ぎ、人々の復興へのモチベーションを高めることも欠かせないだろう。こうした災害による地域経済の危機への対処法が確立すれば、人々が経済的に立ち直る支援ができるに違いない。

　そのためには、災害時の価格変動や政策、そしてその効果を、経済学の視点から分析することが必要だ。〇〇大学経済学部経済学科は、経済学の基本を習得するとともに、農業経済学や都市経済学、リスクマネジメントといった **復興のための経済を考える講義が選択できる。**[3] また、△△研究室では、開発経済学の知見から災害時の経済政策の研究をしている。**地域経済の復興と活性化を目指す私にとって理想的な学びの場である**[3] といえる。そして、将来は貴学での学びを活かし、政策立案の支援ができる人材として活躍していきたいと考えている。

---

[1] 研究したいことがはっきりしている。
…K（研究）の明確さ
復興のための経済学を研究したいという意志がはっきりと示されています。

[2] 研究を志した動機を説明している。
…D（動機）の明確さ
高校の授業で学んだ内容をもとに東日本大震災で起こった事例を分析し、経済学研究の必要性を論じています。

[3] 志望校を選んだ理由を述べている。
…S（選択）の明確さ
志望校ならば、復興のための経済学を研究できるという旨を説明できています。

カンザキのアドバイス

　経済学系学部の志望者は、就職を意識した記述をする人が多いようです。たとえば、「お金を扱う仕事に就きたいから」「就職の時につぶしが効くから」といったものがありますが、こうした記述は論外です。**経済学という学問を究めるために大学へ進学し、それを仕事に活かす**のだという志を持ちましょう。

　また、高校の公民科（政治経済、現代社会）の授業の内容をきっかけに論じる人もいます。その場合、価格メカニズム・景気変動・経済政策・国際貿易などが焦点になりやすいようです。その際、教科書や資料を書き写しただけの内容にとどめる人が多く、これでは独自性が感じられません。前ページAfterのように、高校で学んだ内容を具体的な事例に当てはめて考えていくのが得策でしょう。そうすると、高校での学習の限界を知ることができます。そして、**経済学のどの分野であればその謎を解き明かすことができるか**、また、**志望する大学でどういう研究が進められているのか**を探ります。そこからキミが大学で進めたい研究課題を見つける、という手順を踏みましょう。

課題となるようなテーマ・体験と学問との関連

経済学に関連する直接的な体験は挙げにくいでしょう。まずは、高校の公民科の授業や、経済に関連するニュースを取り上げながら検討しましょう。また、自分の趣味にまつわる経済について考えてみるのもよいでしょう。

テーマ・体験	対応する学問
高校の公民科の授業（価格メカニズム、景気変動）	理論経済学、計量経済学
高校の公民科の授業（経済政策）	理論経済学、経済政策学、公共経済学
高校の公民科の授業（経済史）	経済史
高校の公民科の授業（為替、国際貿易）	経済政策学、国際経済学
経済に関するニュース	理論経済学、経済政策学、環境経済学、農業経済学、労働経済学
自分の趣味に関連する分野の経済（スポーツ、音楽、芸術など）	理論経済学、文化経済学、公共経済学

経済学に関連する職業

金融・流通系の企業を中心に、幅広い職種が考えられます。これが、「経済学部は就職に強い」といわれる所以です。また、資格職にチャレンジする人も少なくありません。

銀行・証券・保険などの金融企業、商社・流通・メーカー、公認会計士、税理士、中小企業診断士、公務員、学校教員、研究者

学問紹介

経済の理論を研究する理論経済学をはじめ、分野は多岐にわたります。下記に示すもの以外にも、国際経済学・公共経済学・労働経済学・環境経済学・農業経済学・経済史・文化経済学などがあり、社会のあらゆる経済活動が研究の対象となります。

学問	内容	代表的な講義
理論経済学	一般的な経済の仕組みを明らかにする。多くの経済学を学ぶために必要な基本的（fundamental）な考え方とその分析の方法、そして応用の仕方を研究する学問。	生活経済論（日本社会、地域社会が抱える諸問題を学ぶ） 社会保障論（社会保障の基本的な性格、機能と役割などを学ぶ）
経済政策学	理論をもとに、実際に政府の経済政策決定に役立たせるためのアプローチをする。金利や為替など金融政策に関する研究も含む。	貿易論（時代における貿易の特徴を理解し、貿易の変容などを学ぶ） 金融論（金融の意味合いを把握し、種々の金融政策を学ぶ）
経済史	経済や社会のシステム、人間の経済生活の歴史的変化を考察する。	日本経済史（近代日本の形成を、経済史の視点から学ぶ） 世界経済史（世界の経済史を研究する）
計量経済学	経済データの実証分析に用いられる計量経済モデルの理論とその応用方法について学ぶ。	計量経済分析（経済学や統計学、数学を用いて現実の経済の動きを分析する）

推薦図書の紹介

まずは、以下に示すような経済学の全体像をつかむための書籍を読んでみましょう。その上で、マクロ経済学・ミクロ経済学のいずれかに目を向けたり、歴史や景気変動に注目したりするなど、研究の方向性を定めるとよいでしょう。

『ひたすら読むエコノミクス』伊藤秀史　（有斐閣）

経済学は世の中と人間を読み解く"文法"である、と本書では述べられている。社会の仕組みや人間の行動を、考えたり分析したりするツールとして経済学を捉え、新鮮な視点から読み解く。伊藤氏は、経済学者。著書に『契約の経済理論』（有斐閣）がある。

『経済学はこう考える』根井雅弘　（ちくまプリマー新書）

この本は易しい文章で書かれており、経済思想史の入門書ともいえる。過去に存在した偉大な経済学者の例を挙げ、それらの思想や学説を筆者が説きながら「経済学の考え方」という問題にアプローチしている。根井氏は経済学者。

『経済学を学ぶ』岩田規久男　（ちくま新書）

交換と市場、需要と供給、企業・政府などミクロ経済学の基本問題から、国民所得、財政金融政策などマクロ経済学の基礎までを、豊富な例示とたくみな比喩で説いている。岩田氏は経済学者であり、日本銀行副総裁。著書には、『国際金融入門』（岩波新書）、『マクロ経済学を学ぶ』（ちくま新書）などがある。

経営学・商学

志望理由書 回答例 10

ポイント 経営用語に振り回されず、経営学・商学研究の内容を具体的に示そう。

Before

　昨今では、高度情報化や国際化が進み、ビジネスの現場での変化が目まぐるしいといわれている。私はマーケティングについての研究をし、企業の経営に役立たせたい。

　不景気の中、倒産する企業もあれば、業績を伸ばす企業もある。次々と新しい商品やサービスが生まれるが、売れるものもあれば、売れずに消えるものもある。企業側も販売するための工夫をしているはずなのに、同じものを売っていてもなぜこうした差が生まれるのか。どのようにして商品やサービスを消費者の目に留まるようにし、販売しているのだろうか。倒産した企業は、事前に経営方針を変え、他社と差別化を図ることで倒産を免れることができたかもしれない。景気回復には、市場に通貨が回って景気を刺激することが必要だ。そうした方法を探るのに役立つのが、経営学だ。また、大きな経済効果を生む商品やサービスを、どのように生み出すのかを考えるために必要なのはマーケティングである。人々の生活を支える企業が健全に保たれるには、景気を支えるためのマーケティングを研究しなければならないと考えた。

　そのためには、経営学を学び、企業に活気を取り戻す方法を考えなければならない。○○大学経営学部経営学科では、時代の最先端を行く経営者の講演を聞くことができる。また、経営学を基礎から学べ、マーケティングに必要な知識を得ることもできる。企業人に必要な能力を段階的に学べるカリキュラムもあり、卒業後、即戦力として働くのに役立つ科目が充実している。情報化や国際化に対応するため、情報処理や英語の授業も設けられている。経営の基礎とともに、現代社会の中で求められる技術や知識をしっかりと学べるのが、貴学のよい所だと考えている。私にとって貴学は理想的な学び場だと考え、私は志望した。

　将来はマーケティングの分野から企業を支えるとともに、経営学を進化させていきたい。そのためにも大学4年間の学びを大切にし、その力を蓄えていきたいと考えている。

問題点

✗ **大学で研究したいことが伝わらない。… K（研究）の不明確さ**
マーケティングの研究をしたいことは伝わりますが、具体的に説明できていません。

✗ **研究を志す動機の説明が不十分である。… D（動機）の欠如**
マーケティングの必要性を説明することに終始しており、動機の説明が不十分です。

✗ **志望校を研究機関として捉えていない。… S（選択）の不的確さ**
研究テーマが曖昧なので、志望校でどう研究を進めていきたいのか、説明が不十分です。

改善点

- どの対象におけるマーケティング研究を行いたいのか、具体的に述べる。
- マーケティング研究を志した動機を、具体的に示す。
- 志望校がマーケティング研究をする上で適していることを伝える。

After

　今後、都市と地方の地域格差が拡大するにつれて、地方経済、特に小規模な市町村の活性化が課題となる。私は**マーケティングについて研究し、地域経済の活性化を目指したい**。[1]

　私の住む町では地域ブランドを確立しようと躍起になっている。[2]私の町は大きな産業を抱えておらず、観光地もない。過去、地元商店街が△△というB級グルメを生んだが、その後、廃業する飲食店が後を断たず、今では観光客が訪れる姿をあまり見ない。他の地域が活性化する状況を見ても、地域名産の開発やイベントの開催が主であり、多くは一過性のものである。町を本当に活性化するならば、継続的な取り組みのもと、自然と定着するような方法を考えるべきではないか。そのためには、それぞれの地域の特性を見直した上で、自分たちの住む地域の新たな魅力を見出すことが欠かせない。そしてさらに、時代にあった方法で活性化を行うことが望まれるのではないか。こうした地域ブランドのマーケティングには、ものを買う行動に潜む仕組みを読み取るという経営学的な捉え方が強く求められていると考える。**ブランディングによる地域活性化を進展させることにより、地元で継続的に定着する方法を提案できる**[2]と考える。

　その実現のためには、企業の利益追求を中心とするものではなく、社会との関わりを重視したマーケティング戦略を立案するための能力が必要だ。そのために私は、○○大学経済学部経営学科を選んだ。貴学では**消費者行動論やブランドマーケティング等の様々なマーケティング戦略の基礎を学べる**[3]だけでなく、**地域ブランドの確立について研究する□□教授からのアドバイスも期待できる**[3]ので、志望した。

　私は、地域経済が衰退する姿を、地元で目の当たりにしてきた。こうした地域を少しでも多く救い、地元の人々の生活が豊かになるような支援をしていきたいと考えている。

---

[1] 大学で研究したいことがわかる。
…K（研究）の明確さ

地域活性化のためにマーケティング研究を行いたいという旨が伝わります。

[2] 研究を志した動機がわかる。
…D（動機）の明確さ

地元のブランディングに対しての疑問から、ブランディングによる地域活性化の必要性を述べています。

[3] 志望校を選んだ理由を説明している。
…S（選択）の明確さ

志望校でマーケティング戦略の研究が行える旨を述べ、志望理由を伝えようとしています。

カンザキのアドバイス

　経営学・商学系統の志望者で「会社を設立したいから」「店を持ちたいから」「家業を継ぐから」などを志望理由に挙げる人がいます。こうした主張に対しては「会社を設立するならば今からでもできる」「何の会社を設立したいのか。その目的は何か」「家業を継ぐならば、大学へ行かなくてもよいのではないか」といった反論が考えられます。**大学を研究の場として捉え、経営学・商学系統の分野でどういうことを研究したいのか、**明らかにしましょう。

　また、「公認会計士になりたいから」「税理士の資格を取りたいから」といった資格取得を目的としたものや、「簿記検定の力が活かせそうだから」といった志望理由もあります。このように大学を資格試験予備校のように捉える記述は避けましょう。なお、公認会計士や税理士の仕事に最も近い研究分野は会計学です。

　そして、「マーケティングに興味があるから」「商品開発をしたいから」などと述べる人もいます。この方向性はよいのですが、詳しい記述に至らず「商品開発が楽しそうで、人に喜んでもらえるから」のように、表面的な内容に終始する志望理由書ではいけません。その分野では**どのような研究がなされているのか調べ、掘り下げて**いきましょう。

課題となるようなテーマ・体験と学問との関連

経営学・商学に関する体験は数多いものです。直接的な体験はあまりないものの、身近な人が経営に関係する仕事をしていることが多くあります。インタビューなどで情報を収集し、研究したいことを探す手がかりにしてください。

テーマ・体験	対応する学問
経営に関するテレビ番組、ニュース	企業経営学、国際経営学
職業体験	企業経営学
学校行事でのビジネス体験	企業経営学(経営管理論、経営戦略論など)
部活動や学校での活動によるリーダーシップ、マネジメント	企業経営学(経営組織論、個別管理論など)
家族や親族の会社経営に関する情報	企業経営学(企業論、マーケティング論など)、会計学
地域活性化と経営との関係	企業経営学(市場調査論など)、会計学

経営学・商学に関連する職業

経済学とともに、いわゆる「つぶしの効く学部」といわれ、幅広い職種が考えられます。また、自ら独立・起業しようと試みる人もいます。もちろん、公認会計士や税理士といった資格を取得し、キャリアアップを目指す人もいます。

銀行・証券・保険などの金融企業、商社・流通・メーカー、経営者、公認会計士、税理士、中小企業診断士、公務員、学校教員、研究者

学問紹介

経営学・商学では、企業・地方自治体・NPOなど、様々な組織を運営する方法を研究します。よく、経営学・商学と経済学を混同して述べる人がいますので、注意しましょう。

学問	内容	代表的な講義
企業経営学	企業経営のあり方について研究する。	**生産管理論**(生産計画や品質管理など、企業活動における生産管理を学ぶ) **産業組織論**(市場経済や企業行動を研究し、産業組織の問題を考察する) **マーケティング論**(企業が、商品をどう企画しどう売るのかを研究する) **市場調査論**(市場調査の役割を学ぶ)
国際経営学	国境を越えた事業活動や国際経営の変遷、重要性を学ぶ。	**国際経営論**(外国市場へ参入する戦略や、国際的な経営管理について学ぶ) **国際金融論**(国際収支の基礎知識を学び、国際金融市場の現状を把握する)
会計学	企業の会計について研究する。財産や債務、年間の損益について記帳し、伝達する方法のあり方を探る。	**経営財務論**(企業における資金調達と運用についての研究をする) **管理会計論**(会計データを、企業の利益向上のために活用する方法を学ぶ) **金融論**(市場経済においての貨幣や金融の役割を学ぶ)

推薦図書の紹介

ビジネスの最前線で活躍する経営者の自叙伝に偏ることのないよう、経営学や商学を学問として捉えている書籍に触れましょう。

『マーケティングを学ぶ』石井淳蔵　(ちくま新書)

先進的な企業の取り組みを考察し、これからのマーケティング像を描いた実践的入門書。営業と販促の役割の違いについて具体例でわかりやすく説明されている。石井氏は、経営学、マーケティング論を専攻とする商学博士。著書には『営業が変わる―顧客関係のマネジメント』(岩波アクティブ新書)などがある。

『なぜ、あの会社は儲かるのか？』山田英夫・山根節　(日経ビジネス人文庫)

帝国ホテルと東横インの利益率の差から、高級業態と廉価業態で「どっちが儲かっているか？」などの素朴な疑問を提示。そこからよく知られている企業を例に挙げ、わかりやすく話が展開されている。山田氏、山根氏ともに経営学者である。

『会計学入門』桜井久勝　(日経文庫)

はじめて会計を学ぶ人に向けて、会計学の基礎を網羅した入門書。会計に関する基本的な疑問に答えるとともに、その理由を思想的な背景まで掘り下げて説明している。桜井氏は財務会計論の専門家。

志望理由書 回答例 11 社会学

ポイント 幅広い対象の中から、研究分野を絞り込もう。

Before

　マスメディアは私たちに大きな影響を与えている。私はテレビ番組に携わる仕事に就き、情報を発信する役割を担いたい。そして、マスメディアについての研究を社会学の立場から行いたい。

　私は、子どもの頃からドラマやバラエティー番組を見てきた。特にマスメディアに関心を持ったのは、□□テレビ局が放送した「△△」という番組でプロデューサーやディレクターの仕事を見たからだ。ディレクターなのに芸能人よりも目立った行動や言動をしたり、画面に芸能人を映さずに風景ばかりを流したりする斬新な手法に驚いたものだ。その体験を振り返ると、いかに番組を興味深いものにするか工夫を凝らしていたり、常に新しい番組作りを行おうとしていたりする姿勢に共感するものがあった。テレビ番組といえば予定調和で終わるものや、他の番組を真似した企画ばかりで、私は辟易していた。しかし、一方でそうしたテレビ界の常識を覆す作り手も現れていることには希望が持てた。彼らの仕事は前述のような華やかなものばかりではないが、テレビ番組の現場に関わり、視聴者が望む番組作りをしていることに、私はおもしろさを感じた。インターネットが普及した今日において、テレビはコンテンツとして古さを感じるようになった。だが、まだ可能性はあると思っている。

　こうしたテレビ番組を制作するための力を身につけるには、業界に明るい人との人脈作りや就職に力を入れている大学に進学しなければならない。○○大学社会学部社会学科では、就職部が主催するマスコミ講座を通してそうしたテレビ制作の現場に携わる人と交流ができる。また、マスコミ各社への就職に強いことで有名である。貴学への進学は、私の夢の実現には欠かせない。4年間の学びを通して、マスコミ業界について多くのことを体感し、研究を進めていきたい。そして、将来は就職戦線を勝ち抜き、テレビ局の一員として、自分ができることをやっていきたい。

問題点

✗ **社会学の分野で何を研究したいのかわからない。…K(研究)の不明確さ**
マスメディアを対象とした研究をしたいことは伝わりますが、何をどう研究したいのかがわかりません。

✗ **研究を志した理由がわからない。…D(動機)の欠如**
テレビ制作のおもしろさやテレビの可能性を語ることに終始しており、なぜ社会学の分野の研究を志したのかが伝わりません。

✗ **志望校を研究機関として捉えていない。…S(選択)の不的確さ**
マスコミ業界の就職を意識しすぎ、志望校で何を学びたいのかが伝わりません。

改善点

● マスメディアについて、どういう研究を行いたいのか、明らかにする。
● マスメディア研究を志した動機を述べる。
● 志望校をマスメディア研究の場として捉える。

After

　「笑い」は私たちにとって、欠かせないものである。毎日の活力の源は「笑い」である、といっても過言ではない。私は、こうした「笑い」のメカニズムを解き明かし、人々とのコミュニケーションを豊かにするための一助となる研究をしていきたい。[1]

　私は関西出身ゆえに、常に「笑い」が身の回りにあった。昨今では過激な発言や行動で「笑い」を取ろうとするタレントが多いが、私はそうしたことでは笑えない。しかし、吉本新喜劇は大声をあげて笑ってしまう。私のこれまでの経験を思い返すと、仲間内では笑えても他者には笑ってもらえない場合や、吉本新喜劇のようにいつも同じことをするのに笑ってしまう場合があった。このことから、話し手と聞き手の関係が親密であればあるほど「笑い」は促されるし、話し手が聞き手の期待に応えることで「笑い」が起こりやすいのだと考えられる。つまり、「笑い」のツボが人によって異なるのではなく、話し手と聞き手の関係性が「笑い」に影響を与えると推測する。そこで、私は「笑い」と両者の関係を解き明かすことができれば、「笑い」の創出を促せるのではないか、と考えた。[2] 笑うことは免疫力を高め、ストレスを軽減する効果があり、健康維持や体調の改善に役立つといわれている。私は「笑い」を通して社会に貢献し、多くの人々に喜びを生み出していきたい[2]と考えている。

　そのためには、「笑い」を取り巻く人間関係を社会学的に分析するとともに、人々に起こる心理や行動を検証することが必要だ。○○大学社会学部社会学科には社会の問題を臨床の場で検証するカリキュラムが備わっており、特にマスメディアの現場での実習もできるのが魅力的だ。[3] また、社会心理学やマスコミュニケーションを研究する先生方に、「笑い」のメカニズム解明に際してアドバイスを受けられることも期待している。私は貴学で「笑い」のモデルを導き、実際のコミュニケーションの場において、また、コンテンツ作りにおいて活かすことができるように精進していきたいと考えている。

---

[1] 研究したいことを明確に述べている。
…K（研究）の明確さ

コミュニケーションの活性化を目的として、「笑い」のメカニズムを研究したい旨が、明確に述べられています。

[2] 研究を志した動機が説明できている。
…D（動機）の明確さ

話し手と聞き手の人間関係が「笑い」の創出に関わることを述べ、研究の重要性をまとめています。

[3] 志望校を選んだ理由が明確である。
…S（選択）の明確さ

「笑い」のメカニズム解明のためには志望校への進学が欠かせないことを述べています。

カンザキのアドバイス

　社会学系統の学部・学科志望者の多くは、マスコミ業界への就職を意識した記述になりがちです。「テレビ番組を作りたい」「雑誌の編集をやりたい」といったものです。そうすると「マスコミに入社したいのなら、別の学部でも可能だ」「雑誌の編集ならば、文学部日本文学科への進学を考えてみてはどうか」といった反論が想定できます。マスメディアに関心があるのならば、マスコミュニケーション学や社会心理学など、社会学の様々な分野に興味・関心を覚えるはずです。改めて**社会学の分野で研究したいこと**を定め直しましょう。

　社会学部は、恋愛・流行・いじめ・犯罪・差別など、様々な事柄が研究対象になります。さらに、環境・教育・家族・農村などで起こる問題も社会学の対象となるので、素材選びには苦労しないでしょう。しかし、その事象の説明に終始し、動機が語られないことがしばしば起こります。そうならないように、**社会学研究を志した動機を説明する**ように心がけましょう。また、ひとつの事象でも、様々なアプローチで研究することができるのが社会学のおもしろさであり、焦点がぶれ易い理由でもあります。**どういう分野から研究するのか、決めてから論じる**とよいでしょう。

課題となるようなテーマ・体験と学問との関連

人と人の関係性を探ることが社会学の目的です。したがって、複数の人が関わる事柄であれば、社会学の対象となります。社会問題に関わらず、学校生活などでキミに大きな影響を与えた事例を起点に、動機を考えてみましょう。

テーマ・体験	対応する学問
社会問題に関するニュース(いじめ、犯罪、差別、環境問題、ジェンダーなど)	応用社会学(家族社会学、教育社会学、犯罪社会学、環境社会学、政治社会学、ジェンダーの社会学など)
メディアに関する体験	応用社会学(メディアコミュニケーション学、情報社会学など)
学校生活に関する体験(友人関係、部活動、生徒会など)	応用社会学(コミュニケーション論、スポーツ社会学、教育社会学など)
ボランティア活動	応用社会学(地域社会学、都市社会学、農村社会学など)
読書	理論社会学

社会学に関連する職業

社会学が取り扱う範囲はとても広いので、職業も幅広いのが特徴です。社会学が積極的に活かせる仕事は、広告やマーケティングという分野が考えられます。また、マスコミ業界を志望する人もいますが、狭き門です。

マスコミ業界、民間企業、調査会社、学校教員、研究者

学問紹介

社会学はおおよそ、社会一般に共通する原理を導こうとする理論社会学と、特定の分野を取り扱う応用社会学に分けることができます。社会学が対象とする領域は幅広く、応用社会学の種類は数多いのが特徴です。

学問	内容	代表的な講義
理論社会学	社会学の理論について研究する。社会学の学史や理論、学説を対象とする。	**社会学史・社会学理論**(社会学理論やその歴史的な変遷を研究する) **社会調査法**(社会調査の方法などを学ぶ) **計量社会学**(人の行動様式をデータで捉え、社会現象を探る方法を研究する)
応用社会学	社会学の理論をもとに、社会問題の具体的な解決方法を探る。	**家族社会学**(社会状況などにより変化する家族について、社会学的に分析する) **都市社会学**(都市構造や機能を社会学的に解明する) **地域社会学**(地域社会の変化や具体的課題について研究する) **コミュニティ論**(地域のコミュニティのあり方を研究する) **メディア社会学**(メディアを通したコミュニケーションを研究する) **災害社会学**(社会学の知見を災害の現場で応用する)

推薦図書の紹介

まずは、以下に紹介するような社会学に関する入門書を読んで、学問の全体像をつかみましょう。そして、研究対象としたい事柄について、どういうアプローチで研究したいのか、考えましょう。

『社会学入門―人間と社会の未来』見田宗介　(岩波新書)

社会学を「学ぶ」だけでなく、社会学を「生きる」可能性をも示しているといえる1冊。現代日本社会そのものの特徴を浮き彫りにしようとしている。見田氏は、社会学者。著書に『まなざしの地獄―尽きなく生きることの社会学』(河出書房新社)、『現代日本の感覚と思想』(講談社学術文庫)などがある。

『世界がわかる宗教社会学入門』橋爪大三郎　(ちくま文庫)

宗教は文化や価値観の骨格であり、時には紛争の原因にもなる。宗教を知らなければ、世界の人びとを理解することはできないともいえるだろう。この本では、世界の宗教を理解するための基礎的なことが書かれている。橋爪氏は社会学者。『橋爪大三郎の社会学講義』(ちくま学芸文庫)などがある。

『メディアと日本人』橋元良明　(岩波書店)

新聞、電話、テレビ、インターネットを日本人がどのように受け入れ、発展させてきたかという歴史をたどるとともに、主要メディアの利用実態を明らかにしている。また、いわゆる「読書離れ」が本当に起きているのかという検証や、「デジタルネイティブ」と呼ばれる若者層の情報行動の実像にも迫っている。

スポーツ科学・体育学

志望理由書 回答例 12

ポイント　「体育教員になりたい」だけではなく、体育学の研究の活かし方を考えよう。

Before

　私は幼い頃から小学校教員になりたいと思っていた。小学校の時、非常に生徒思いの先生に出会い、いつも励まされていたことを思い出す。いつかは私も教員になり、明るく元気に多くの子どもを励ましたい。そして、学校での「親」のような存在として、胸を張れるような人物に成長したい。特に体育が好きなので、体育に力を入れて、子どもたちの体力をつけていきたい。

　中学２年生の時、職業体験で小学校へ行く機会があった。教員の仕事について調べ、小学生と触れ合ったところ、やりがいのある仕事だと思い、ますます教員になりたくなった。ただ、気になったのは、休み時間に外に遊びに行かない子どもが多くいたことだ。体育の時間だけで運動は十分とはいえない。その日は私が子どもたちを連れて、外へ遊びに行った。最初は鬼ごっこ、その後はかくれんぼをした。宝探しもやった。サッカーやバスケットボールにも参加した。運動が好きではない子どもたちも、手を貸せば楽しんで遊んでくれるものだ。きっと、そういう行動に出ると、子どもの運動不足を解消できるに違いない。運動に関する知識と、子どもたちのための指導を行おうという信念を備え、明るく元気にふるまえば、子どもたちは生き生きと学校生活を営むことができる。私はその核となるものを磨きたい。

　私は大学でスポーツ科学を学び、小学校教諭の免許を取りたい。そのために○○大学体育学部体育学科を志望した。「スポーツ学概論」という授業で幅広く基礎を学びたい。そして、子どもたちにその基礎を教えてあげたい。もちろん、幅広い知識や教養を身につけ、子どもたちが元気に生きていけるように、体育の大切さを伝えていきたい。スポーツは楽しいものだということを発信できれば、子どもたちも楽しんでくれるに違いない。そのための知識と実践力を貴学で学び、子どもたちを輝かせる教員となって活躍したい。

問題点

✗ **大学で研究したいことが曖昧である。…K（研究）の不明確さ**
小学校教員になりたいことはわかりますが、どういう研究をしたいのかがわかりません。

✗ **研究を志した動機がわからない。…D（動機）の欠如**
小学校教員になりたいと考えた動機は伝わりますが、スポーツ学研究を志した動機はわかりません。

✗ **志望校を選んだ理由が明確ではない。…S（選択）の欠如**
教員免許を取得したいという理由が主に示されており、なぜ志望校を選んだのかが説明されていません。

改善点

● スポーツ科学の分野で研究したいことを明確にする。
● 体育学研究を志した動機をはっきり示す。
● なぜ数ある体育学部の中から志望校を選んだのかを説明する。

After

　現在の子どもたちは体を動かす機会が少なくなり、それが子どもの体力が低下する要因のひとつとなっている。子どもたちの体力向上を目的として、私は運動遊び、つまり子どもたちが体を動かして日常的に行う遊びを体力向上に活かす研究・開発をしていきたい。[1]

　そもそも、私が運動と社会のつながりについて強く意識するようになったのは、地元のスポーツ大会の開催を通して子どもの体力向上を考えた時からである。しかし、短期的視点のイベント開催だけでは、子どもの継続的な体力向上は望めないと考える。[2] また、全国の学校では「運動の日常化」として様々な取り組みを実施しているが、継続的な取り組みとして機能しているかは疑問だ。[2]

　私はこの現状を踏まえ、「運動遊び開発プロジェクト」を提案する。まず、子どもの運動の状況を把握し、鍛えるべき筋肉や運動量を割り出す。そして、それを満たす運動遊びを開発し、学校現場の中で実際に継続して取り組んでもらう。その結果を分析し、運動遊びの改良や新たな遊びの開発に活かす。将来的には、運動遊びをライブラリ化することも目指す。多くの子どもが楽しんで運動する機会を増やすことは、子どもの体力向上のみならず、将来の生活習慣病予防にも役立つであろう。このように、子どもの運動に関する研究は、非常に重要だと考える。

　そのためには、体力向上に効果的な運動遊びを研究する場が必要である。その場として私は、体育学に関する最先端の研究を進めている○○大学体育学部体育学科が最適だと考えている。たとえば、子どもの発達段階に応じた体力向上プログラム作成の専門家、筋力測定の研究や人間工学のスペシャリストの指導が受けられる。[3] 子どもが運動遊びを行う時の筋力を把握し、時にはアスリートが持つ技を体力向上の研究に用いることもできる。将来は私の研究の成果を全世界へ広め、運動遊びを通して体力を培った子どもたちを生み出す担い手となりたいと考えている。

---

[1] 大学で研究したいことが明確である。… **K（研究）の明確さ**
子どもの運動不足を解消するという目的で、運動遊びの研究をしたいという意思が明確です。

[2] 研究を志した動機を説明している。… **D（動機）の明確さ**
スポーツイベントの問題点に着目しながら、体育学研究をなぜ志したのかが伝わります。

[3] 志望校を選んだ理由が明確である。… **S（選択）の明確さ**
運動遊びの研究の場として、志望校が最適であることを述べ、締めくくっています。

カンザキのアドバイス

スポーツ科学・体育学系統の志望理由書でよく見かけるのは、「体育教員になりたい」「インストラクターになりたい」と述べるものです。そして、それぞれの仕事に就きたいと考えた動機を述べ、その仕事のやりがいや熱意を語るのが典型例です。しかし、「体育学部でなくとも、教育学部でもよかったのではないか」「インストラクターならば、専門学校でもよいのではないか」という反論が考えられます。まずは、**大学で研究したいことを明確にし、その成果を教員やインストラクターとして活用したい**、という流れにするとよいでしょう。

また、「サッカーを続けたい」「バレーボールを究めたい」など、大学でも特定の競技を続けたいという主張を展開する人もいます。多くはそのスポーツの楽しさを動機として述べていますが、それでは大学を研究する場として捉えているように見えません。**その競技の能力を高める際の課題を明確にし、その解決方法としてスポーツ科学・体育学のどういう分野が最も適しているか**、ということを考えましょう。その上で、大学で研究したいことを定めてみましょう。

課題となるようなテーマ・体験と学問との関連

スポーツの体験は、スポーツ科学や体育学の学問と結びつけやすいものです。技能の向上であればスポーツ運動学、メンタル面であればスポーツ心理学、怪我によるリハビリテーションの経験であればスポーツ医学などが考えられます。

テーマ・体験	対応する学問
スポーツをした体験	スポーツ科学、トレーニング科学
スポーツを鑑賞した体験	スポーツ科学、トレーニング科学
学校のスポーツテスト	スポーツ科学、トレーニング科学
スポーツに関する問題（ドーピング、オリンピック誘致など）	スポーツ科学、応用スポーツ科学（スポーツ倫理学など）
スポーツを通した地域貢献、ボランティア	スポーツ科学、応用スポーツ科学（スポーツ経営学など）

スポーツ科学・体育学に関連する職業

スポーツの現場に関わる職業が多いようです。自らが選手として活躍するだけでなく、指導者として後進を育てたり、スポーツビジネスを手がけたりする人もいます。

スポーツ選手、指導者・トレーナー、スポーツジャーナリスト、スポーツビジネスに携わる企業、学校教員、研究者

学問紹介

スポーツ科学・体育学の領域では、いうまでもなくスポーツを研究対象としています。スポーツ科学やトレーニング科学をはじめ、多岐にわたります。

学問	内容	代表的な講義
スポーツ科学	スポーツを研究対象とする科学。スポーツ科学の理論、学説を対象とする。	**スポーツ哲学**(スポーツで起こる諸問題を哲学的なアプローチで捉える) **体育心理学**(試合や練習で発生する心理現象を研究する) **スポーツ医学**(スポーツ選手の身体能力の強化方法や故障の予防・治療方法を研究する)
応用スポーツ科学	スポーツ科学で得た理論をもとに、諸問題の具体的な解決方法を探る。	**スポーツレジャー論**(レジャー活動としてのスポーツを研究対象とする) **スポーツマネジメント論**(スポーツ団体や企業の経営方法を研究する)
トレーニング科学	スポーツトレーニングを科学的な視点で研究する。バイオメカニクスや生理学、栄養学、心理学、教育学といった領域の研究も取り入れる。	**コーチング論**(競技力向上という目標達成を促すコーチングの方法を学ぶ) **トレーニング論**(トレーニングの原理や原則、実践方法を研究する) **スポーツ教育学**(スポーツを指導・教育する方法を研究する)

推薦図書の紹介

アスリートの自叙伝や伝記ばかりに触れるのではなく、スポーツ科学・体育学に関する書籍を読んでみましょう。そして、自らのスポーツ体験と照らし合わせながら、スポーツ科学や体育学における問題や課題を探りましょう。

『スポーツ科学の教科書』谷本道哉 編著、石井直方 監修 (岩波ジュニア新書)
スポーツ科学の基礎知識を解説している本。運動生理学、機能解剖学、健康科学など、様々な学問領域からスポーツの現場での疑問に答えている。監修の石井氏と編著者の谷本氏は筋肉研究の専門家。

『〈勝負脳〉の鍛え方』林成之 (講談社現代新書)
"勝負脳"とは勝負に勝つための戦略を練る知能のことであり、著者の造語である。スポーツを例に、"勝負脳"を鍛えて働かせる方法が綴られている。林氏は、脳神経外科の専門医。脳死寸前の患者の生命を救った「脳低温療法」で世界にその名を知られる。『困難に打ち克つ「脳とこころ」の法則』(祥伝社)などの著書がある。

『女子大生が立ち上げたプロスポーツのビジネス戦略ストーリー』渡辺保 (日刊スポーツ出版社)
スポーツマネジメントを学ぶ女子大生がプロスポーツのビジネスモデルに取り組むというストーリーの小説。スポーツ経営学の基礎を学べる1冊。スポーツビジネスの概要をつかみつつ、新たなビジネスを生み出す過程が示されている。渡辺氏は経営学の専門家。著書には『ビジネス計数の基礎』(野島出版)などがある。

歴史学

志望理由書 回答例 13

ポイント　「歴史のおもしろさを伝える」ということだけで終わらせない。

Before

　私は将来、歴史的な事実を解明したい。そして、歴史学をもっと身近なものにしていきたいと考えている。

　そう考えたきっかけは、私が中学生の頃に安土桃山時代に興味を持ったことにある。武将たちの行動や武器、陣形にはすべて策略がある。それらから戦国武将がどのような思いを持っていたのか、読み取るおもしろさは計り知れない。たとえば桶狭間の戦いの直前に家臣へ述べた織田信長の言葉は興味深い。「分捕りはなすべからず。討ち捨てになすべし。目的は全軍勝利あるのみ。勝てばこの場にいるものは全員末代まで尾張の国の英雄として語り継がれるであろうぞ」という言葉の意図を考えると、非常におもしろい。それまで自らの成果を認めてもらう時には、討ち取った者の首を取らなければならなかった。しかし、兵士の数が今川軍よりも劣っていた織田軍にはその行為が勝利の足かせとなる。そこで、織田信長は今川義元を討つことに目的を絞る作戦を取った。目先の利益にとらわれることなく、より高い目標を掲げ、家臣たちの価値観を変えたのである。こうした人心掌握術は、織田信長の戦略を読み取ることで見出せる。歴史的な事柄を暗記するという学び方では、こうしたおもしろさはきっと見出せないだろう。多くの人のこうした好奇心は、さらなる探求心につながる。歴史学を学べば、さらに詳しいことがわかるだろう。

　そのためには、日本の歴史を知り、歴史の謎を解き明かすための力を身につけなければならない。○○大学文学部史学科ではそうした力を身につけられる。貴学では歴史的な文化財の調査をする授業が行われている。カリキュラムも充実しており、歴史を読み取る力が身につく。また、資料館が充実しており、歴史を探るにはよい環境が整っている。将来は大学で歴史を解き明かすための研究をして、歴史学の知識を深めていきたい。そして、多くの人に歴史の楽しさを味わってもらいたいと考えている。

問題点

✗ **大学で研究したいことがはっきりと示せていない。…K(研究)の不明確さ**
「歴史的な事実を解明したい」とは述べているものの、時代や対象が具体的ではありません。

✗ **研究を志した動機が伝わらない。…D(動機)の欠如**
桶狭間の戦いを例に歴史を読み解くことのおもしろさを伝えていますが、研究を志す動機としては足りません。

✗ **志望校を選んだ理由が明確ではない。…S(選択)の欠如**
どの大学でも学べそうな点を理由として挙げており、なぜ志望校でなければならないのかが伝わりません。

改善点

● 歴史学の分野で研究したい人物や時代、事象を明らかにする。
● なぜ歴史学研究を志すのか、動機を述べる。
● 志望校にこだわる理由を説明する。

After

　戦国時代の武将の生き方は個性的であり、現代においても多くの人々に示唆を与えている。しかし、彼らに関する説の中には客観性に乏しいものもある。私はこうした説を一から検証し、特に史料が格段に少ない織田期の政治史を研究の対象としたい。[1]

　私は安土桃山時代、特に織田信長に興味を持っているが、疑問に思っている点がある。それは明智光秀が本能寺を襲撃した理由である。光秀が信長に恨みを抱いたからという説、光秀が天下に対する野望を持っていたからという説、光秀を動かす黒幕がいたからという説、信長と土佐の長宗我部氏の対立が原因だという説、土岐氏滅亡の危機を救うためだという説など、現状においても複数の説がある。このように、説が定まらないのはなぜなのだろうか。それらを考えるために読んでいた様々な書物の中で興味深かったのは、研究姿勢である。歴史研究では軍記物のような創作物を史料と混同することや、戦国武将を公人として捉えないこと、わずかな情報のみで説を出そうとする姿勢が見え隠れする。つまり、歴史研究の客観性が問われているのである。自由な発想は肯定するが、しかるべき検討をせずに仮説を流布するのは好ましいとはいえない。歴史的な事柄を客観的な立場から史実をもとに解き明かす[2]ことが、戦国史の研究を志している私のすべきことではないのかと考えている。

　そのためには、戦国史を文献だけでなく、発掘・遺跡からの情報を加えて分析する能力や研究環境が必要だ。○○大学文学部史学科を志望したのは、歴史的な文化財の調査方法が学べる授業やフィールドワークをはじめとした授業が充実している[3]ことが魅力的だったからだ。そして、日本中世後期の研究を積極的に行う△△教授のもとで、戦国時代の混乱期における武将の活動を整理し、歴史を紐解いていきたい[3]と考えている。そして、将来は研究者として歴史を解き明かし、日本の歴史を客観性のあるものにする一員として邁進したい。

---

[1] 大学で研究したいことが明確である。…**K（研究）の明確さ**
織田期の政治史を検証したいという意図と、その目的が伝わります。

[2] 歴史学研究を志す動機がはっきりと述べられている。…**D（動機）の明確さ**
歴史研究の客観性を保つ必要があることを、研究を志した動機として述べています。

[3] 志望校を選んだ理由を述べている。…**S（選択）の明確さ**
授業内容や所属する教員の研究内容をもとに、志望校を選んだ理由を述べています。

カンザキのアドバイス

　歴史学系統の学部・学科を志望する受験生は、歴史が好きでさらに探求心が旺盛です。しかし、「歴史の楽しさを伝えたい」という目的を挙げる人があまりに多いことが気になります。読み手には、型にはまった表現のように見えてよい印象を与えません。「歴史学の探求を通して、歴史学界へ貢献したい」など、歴史学の進展や発展に寄与したいというまとめ方をするなどの工夫が必要です。

　また、動機を述べる時、歴史学の楽しさを延々と語る志望理由書もよく見られます。肝心なのは、**キミが志す研究をなぜ重視するべきなのかを説明する**ことです。キミが歴史的な事象を捉える時に疑問に思ったことや、歴史学研究の中で課題になっている事柄を整理し、その**原因分析や解決方法を歴史学分野の知見をもとに考えて**いきましょう。

　また、社会科・地歴科教員を目指す人も多く、「教員になりたい」という話で論述を進めるものも見受けられます。そうすると「教育学部へ進学したほうがよいのではないか」という反論が考えられます。あくまでも**歴史学研究のために大学進学を志す**ことを考え、志望理由を組み立てましょう。

課題となるようなテーマ・体験と学問との関連

読書や学校の授業を体験として挙げる人が多いようです。また、地域によっては学校で地元の歴史を学ぶところもあり、それを掘り下げて論じる人もいます。

テーマ・体験	対応する学問
読書	日本史、外国史、文化史、宗教史
高校の世界史の授業	外国史、文化史、宗教史
高校の日本史の授業	日本史、文化史、宗教史
国内外の修学旅行や家族旅行など	日本史、外国史、文化史、宗教史
地元の歴史	日本史、文化史、宗教史

歴史学に関連する職業

学校教員や学芸員など、歴史学を活かす職業はあります。ただし、狭き門のため、民間企業へ就職する人が多いようです。大学院で研究を続ける人もいます。

学校教員、学芸員、司書、民間企業、研究者

学問紹介

日本史・西洋史・東洋史など、対象となる地域や国によって分類することがあります。また、政治史・経済史・交易史・文化史・宗教史のように、テーマごとに分けることもあります。

学問	内容	代表的な講義
日本史	史料を収集し、分析しながら日本の歴史像を構成し、研究する。	**日本思想史**(日本人の思想の歴史を研究する) **地域文化論**(地域の歴史を研究する) **日本政治史**(日本政治の変遷を研究する)
外国史	諸外国の歴史を研究対象とする。	**西洋政治史**(西洋政治の変遷を研究する) **東洋経済史**(東洋経済の変遷を研究する)
文化史	思想・宗教や芸術・文芸など、狭い意味での「文化」だけでなく、政治や経済、さらに日常生活に至るまでの人間のあらゆる活動を対象とし、それらを研究する。	**民俗学**(地域の生活文化などを通して、現代文化の成り立ちなどを解明する) **文化人類学**(世界中の民族集団の文化と社会を研究する)
宗教史	キリスト教だけでなく、仏教やイスラム教などあらゆる宗教現象を研究する。	**宗教思想論**(キリスト教や仏教、様々な新興宗教などの精神、思想を学ぶ) **地域宗教学**(宗教が浸透した地域やその地域の文化を研究する)

推薦図書の紹介

歴史上の人物に関する書籍を読む際、史実に基づいたものかどうか(フィクションが含まれているか否か)を確認しておきましょう。また、以下に歴史学者が書いた書籍を紹介しておきました。学者の視点も参考になります。

『境界をまたぐ人びと』村井章介 (山川出版社)

蝦夷・唐人・琉球人・倭寇など、様々な名で呼ばれた「境界をまたぐ人びと」の姿と活動を描く。そこから現代の領土紛争解決の道を探り、国境をまたぐ海の世界の復権を訴えている。村井氏は歴史学者。

『日本の誕生』吉田孝 (岩波新書)

「日本」という名称ができたのはいつなのか、「ヤマト」「倭」と「日本」の違いは何か。この本は、日本の国家成立事情から説き起こし、歴史の展開をたどりつつ説明している。吉田氏は、日本古代史専門の歴史学者。『歴史のなかの天皇』(岩波新書)などの著書がある。

『日本の歴史をよみなおす』網野善彦 (筑摩書房)

この本は、南北朝動乱期である14世紀の出来事から、新しい日本史像に挑んでいる。高校の教科書には書いていない、明暗ともにリアルな日本の姿をうかがい知ることができる1冊。網野氏は日本中世史専攻の歴史学者(2004年没)。著書には『歴史を考えるヒント』(新潮文庫)などがある。

観光学

志望理由書 回答例 14

ポイント　「観光の仕事に就きたい」ではなく、観光を学問として捉えよう。

Before

　ホテルマンは、様々な年齢・性別・国籍を持つお客様が求めるサービスを提供する仕事である。私はおもてなしの心を持ってお客様と向き合い、満足してもらえるような仕事をして、旅の思い出を演出するホテルマンになりたい。

　私は幼い頃から家族と旅行によく出かけていた。ある年の旅行で出会ったホテルのスタッフの姿を、今でもよく覚えている。私たちがホテルについた時からさわやかな笑顔で出迎えてくれて、部屋に案内される時も率先して荷物を持ってくれたし、部屋についた時も設備や避難経路を紹介してくれた。食事の時もサポートしてくれ、近くの観光地も案内してくれた。不思議と、ホテルのスタッフ全員が親切でやさしい。こうしたやさしさは人々に安心を与えてくれる。彼らが直接、旅を楽しいものにするわけではない。しかし、彼らの支えによって楽しい旅になるのだ。私も思い出と笑顔を残すような仕事に就きたいと考えるようになった。ホテルマンの仕事は、お客様に喜んでもらえ、それが自分にとって励みになるような仕事である。だから、私はおもてなしができるホテルマンになりたいと思っている。

　そのためには、コミュニケーション能力を養い、ホテルのサービスについて学ぶ必要がある。○○大学観光学部観光学科では、観光に関わる仕事が体験できるプログラムやインターンシップが盛んに行われている。また、海外からの観光客に向けた対応として、ネイティブによる英語の授業がある。現場で起こる課題とともに、ホテルマンに欠かせない能力がわかり、どういうホテルマンになればよいのかが理解できるだろう。このように、ホテルの仕事が理解できる環境が備わっているのが貴学なのである。

　将来はホテルマンとして活躍したい。お客様が満足するサービスを提供することを第一に考え、人々の幸せづくりの役に立ちたい。そのために、自分もしっかりと勉強し、力を身につけられるように頑張っていきたい。

問題点

✗ 大学で研究したいことが伝わらない。…K(研究)の欠如
ホテルマンになりたいのはわかりますが、大学で何を研究したいのかがわかりません。

✗ 研究を志した理由がわからない。…D(動機)の欠如
ホテルマンに憧れた経緯は伝わりますが、なぜ観光学の研究を志したのか伝わりません。

✗ 志望校を選んだ理由説明がない。…S(選択)の欠如
ホテルマンになるための学びについては述べていますが、志望校を研究機関として捉えた記述がありません。

改善点

- 観光学の分野で何を研究したいのかを明らかにする。
- 観光学研究を志す理由を挙げる。
- 志望校を選択した理由をしっかりと説明する。

After

　様々な年齢・性別・国籍の人々が共通して求めるサービスは、ホスピタリティ、つまり、おもてなしの心である。私は ホスピタリティの要素を解明して世の中に広め、人々がよりよいサービスが受けられるようにしていきたい。[1]

　私がホスピタリティについて興味を持ったのは、家族旅行の際にホテルスタッフの姿を見た[2] からである。その時のことを振り返って、私たちに安心を与えてくれる要素とは何なのかと考えた。それは、サービスする側と受ける側の相互の良好な関係性に他ならない。客が宿泊料を支払い、ホテル側はきれいな部屋とおいしい食事を提供する、ただそれだけの関係ではないのだ。スタッフは宿泊客の内なる要望を満たすために、宿泊客を観察し、時には積極的に対話する。その情報をもとに、自らができる最大限の対応をする。そういう精神性が客に安心感と満足感を与えるし、これらは宿泊業を問わず、サービス業全般で求められるものではないか。しかし、そうした精神性を育む仕組みは、理論化や数値化をしているわけではなく、企業や組織が持つ社風や理念に委ねられるところも大きい。これを 統計学や心理学によってモデル化できれば、宿泊施設のサービス改善だけでなく、様々な業種にも応用できるのではないか。[2]

　そのためには、観光産業におけるホスピタリティの要素を分析してモデル化する能力とともに、その成果を活用する場が必要だ。○○大学観光学部観光学科では、経営学や観光学の基本や調査法を段階的に学べるカリキュラムが備わっている。[3] それとともに、観光に関わる人々を有効な資源として捉え、人材育成や活用法について研究できるゼミナールもある。[3] さらに、観光に関わる仕事が体験できるプログラムやインターンシップも盛んに行われている。将来は、ホスピタリティをサービス業のあらゆるところに広めていきたい。そして、お客様が満足するサービスを提供することを第一に考え、人々の幸せづくりの役に立てるように頑張っていきたい。

---

[1] 研究したいことがはっきりと述べられている。…K（研究）の明確さ

ホスピタリティの要素を解明したいという意志が明確に伝わります。

[2] 研究を志した理由を説明している。…D（動機）の明確さ

自らの宿泊経験を起点に、ホスピタリティ研究の重要性を説明しています。

[3] 志望校を選んだ理由を述べている。…S（選択）の明確さ

ホスピタリティ研究の場として、志望校が適切であることを述べています。

カンザキのアドバイス

　観光学系統の学部・学科を選ぶ受験生の多くは、「旅行が好きだ」「テーマパークが好きだ」という志望理由を挙げてきます。そして、「スタッフの人がやさしかったから」と述べ、思い出を延々と述べるのがよくあるパターンです。ただ、そういう流れだけで志望理由を論じると、表面的で幼稚な印象を与えます。また、「観光業界には興味がありそうだが、大学で何を研究したいのかわからない」という反論も起こります。

　ほかに、特定の職業に就きたいという理由を挙げ、ツアーコンダクターなどとの出会いを感想文的に述べるというパターンもあります。しかも、内容に発展性がないので、ステレオタイプの印象を受けます。その上、「接客業ならば、あえて大学に入学せずに、就職すればよいのではないか」「専門学校への入学のほうがふさわしいのではないか」という反論が想定できます。**旅行やアミューズメントパークでの体験、観光業界の人々の仕事を振り返り**、そこで起こった**課題や問題を探り、観光学研究を通してどう解決できるのか**考えてみましょう。

課題となるようなテーマ・体験と学問との関連

旅行やテーマパークに行った経験をもとにすることが多いようです。また、自分が住む地域で行われている観光政策や地域活性化の取り組みなども話を膨らませやすいでしょう。

テーマ・体験	対応する学問
旅行やテーマパークでの体験	観光経営学
観光を用いた地域活性化の事例検討	観光経営学（観光事業論）
観光地の新規開発（再開発）のニュース	観光文化学（観光地理学）、観光経営学（観光政策論など）
国の観光に関する政策	観光文化学（観光史）、観光経営学
観光関連企業への職業体験	観光文化学、観光経営学、観光計画学

観光学に関連する職業

観光関連の企業へ就職する人が多いようです。また、旅行取扱管理者、ホテル実務技能検定といった資格を取得して、観光・レジャー業界で活躍する人もいます。

観光関連企業、旅行取扱管理者、ホテル従業員、添乗員、観光ガイド、公務員、研究者

学問紹介

観光学は観光に関わること全般が研究範囲になるため、経済学、地理学、社会学をはじめ、文理を問わず様々な切り口で研究が進められています。いわゆる学際的(いくつかの領域にまたがる分野)な学問です。

学問	内容	代表的な講義
観光文化学	観光地の歴史、風土、生活様式など、文化を観光資源として捉えるための研究をする。	**観光地理学**(観光を地理学的な見地で捉える) **日本観光史**(日本観光の形成と発展を学び、日本の観光の推移をたどる)
観光経営学	経営学をベースに、マーケティング・ホスピタリティの視点から観光産業の経営戦略を考察する。	**観光事業論**(観光事業に関する知識を深め、観光開発の理論と手法を学ぶ) **旅行産業経営論**(国の政策における旅行産業の役割などを研究する) **ホスピタリティ・マネジメント論**(ホスピタリティの考え方を経営手法に活かす方法を研究する)
観光計画学	観光の構想や観光地の計画を研究対象とする。	**観光政策論**(観光が経済生活に果たしている役割を学ぶ) **エコツーリズム論**(自然や文化などを守りながら観光を行う方法を研究する)

推薦図書の紹介

ここでは、観光の本質や、人々の観光の捉え方の変化、観光ビジネスのあり方が学べる書籍を紹介しています。「観光は楽しい」という視点から抜け出し、観光ビジネスがなぜ注目されているのか、といった視点を持ちましょう。

『ニッポンの海外旅行 ─ 若者と観光メディアの50年史』山口誠　(ちくま新書)

20代の出国者数は1996年にピークを迎え、減る傾向にある。若者の変化だけでその原因を問題化するのではなく、「なぜ海外が若者にとって魅力的でなくなったのか」と、海外旅行の形の変容に注目して述べている。山口氏には、ほかに『グアムと日本人─戦争を埋立てた楽園』(岩波新書)などの著書がある。

『旅行ノススメ ─ 昭和が生んだ庶民の「新文化」』白幡洋三郎　(中公新書)

観光学とは観光を研究対象とする学問だ。観光の本質は旅行者と現地の住民が互いに交流することにあり、その交流がきっかけとなり新たな生活文化が生まれるというのが、この本から読み取れるだろう。白幡氏は農学博士。著書に『知らなきゃ恥ずかしい日本文化』(ワニブックス)などがある。

『メイド・イン・ジャパンからウェルカム・ツー・ジャパンへ』堀貞一郎　(プレジデント社)

この本で著者は、目先の金儲けでなく、日本文化そのものを観光資源として捉え、長期的に"ウェルカム"できる国にするにはどうすべきか問いかけている。堀氏は東京ディズニーランドの総合プロデューサーなどを務めた(2014年没)。著書には『人を集める』(TBSブリタニカ)などがある。

社会福祉学

志望理由書 回答例 15

ポイント　「福祉士」という視点を超え、福祉を研究対象として捉えよう。

Before

　人間としての尊厳を保ち、生活の改善を図るのが社会福祉の役割である。その担い手となるために、私は社会福祉士を目指している。

　そのように考えたのは、中学生の頃に見たテレビ番組の影響が大きい。団地で一人暮らしをする高齢者を支援するために、□□県では「一人暮らし高齢者等見守り支援事業」を行っているそうだ。社会福祉士が常駐し、住民や自治会、商店、民生委員などと連携しながら、高齢者の安否確認、相談への対応、買い物支援など、生活支援を実施している。テレビでは、社会福祉士をはじめとした訪問員が家まで足を運び、声をかけ、高齢者の話に耳を傾けていた。離れて暮らす家族と住みたいと願う人、足腰が弱って趣味のスポーツに参加できないことを悩む人、話しかけても対話をしたがらない人など、状況は多種多様である。そういう一人ひとりの話や態度をすべて受け入れ、最適な対応をしていく姿に共感し、私も社会福祉士になりたいと感じた。

　高齢化が進み、単独世帯が増えていくことは想像がつく。しかし、現状のままでは一人ひとりが求める支援が十分にできているとはいえない。□□県の支援事業も、行われている地域が限られているし、買い物支援と安否確認だけでは本当に高齢者の求める福祉サービスとはいい難いのではないか。福祉制度を変え、よりよい福祉制度を考えていくべきだ。

　こうした社会的弱者の支援をするには、市民一人ひとりの現状を理解することが重要となる。そのためには人の健康を保つための知識が必要だ。たとえば、社会福祉の知識を得て、最適なサービスを選ぶ力が必要だ。また、高齢者の対応のためには、医学の知識が欠かせないので、医学概論の講義が役立つ。海外留学プログラムに参加し、海外の社会福祉制度を参考にすることも考えている。私が社会福祉士になったら、社会的弱者の方々を勇気づけられるように頑張っていきたい。

問題点

✘ **大学で研究したいことが伝わらない。…K（研究）の欠如**
社会福祉士を目指す旨は書かれていますが、大学で何を研究したいのかは伝わりません。

✘ **研究を志した動機がはっきりと示されていない。…D（動機）の不明確さ**
一人暮らし高齢者の見守り支援への共感と福祉制度の見直しの必要性は論じていますが、動機がはっきりとしません。

✘ **志望校を選んだ理由がわからない。…S（選択）の欠如**
社会福祉士になるための学びについては示せていますが、志望校でどう学べるのか、指摘がありません。

改善点

● 社会福祉学の分野でどういうことを研究したいのかを明らかにする。
● その研究がなぜ必要か、研究を志した動機を述べる。
● 志望校を選んだ理由を、「研究を達成できる」という主旨で述べる。

After

　今後、高齢化が進み、単独世帯が増えていくことは想像に難くない。しかし、現状のままでは支援が十分とはいえない。人間としての尊厳を保ち、高齢者の生活改善を図るため、高齢者を見守る方法を社会福祉学の視点から研究していきたい。[1]

　高齢者の孤立の原因は、高齢者本人と社会とのつながりの薄さにある。背景には、地域のコミュニティ機能の低下がある。その解消のためには行政の積極的な介入が必要だ。□□県では、団地で一人暮らしをする高齢者を支援するために、「一人暮らし高齢者等見守り支援事業」を行っている。社会福祉士、住民や自治会、商店、民生委員などと連携しながら、生活を支援する。しかし、財政面の問題から十分に提供できない地域もある。民生委員や地域住民も高齢化し、見守る側の負担が大きいことも問題だ。最近ではICTを活用した見守りシステムも開発されているが、プライバシー面の課題もあり、高齢者の尊厳を保つ運用方法を考える必要がある。[2] そこで、私は大学で見守りシステムのあり方を研究したいと考えている。高齢者の対応を家族や親族が丸抱えすることを防ぎ、負担を社会で分担することにつながる試みとして、これからの高齢化社会には必ず求められるものだと確信しているからである。

　こうした研究をするには、地域福祉の現状を理解し、地域住民の特性を踏まえた支援の方法を考える能力が必要だ。○○大学社会福祉学部社会福祉学科を志望した最大の理由は、高齢者の社会的孤立を測定する方法を研究分野としている△△教授から、私が考える見守りシステムについての助言をいただける[3]ことである。もちろん、社会学と社会福祉学の観点から地域福祉について体系的に学べるカリキュラムが備わっている[3]ことも魅力的だ。私は社会福祉の担い手として高齢者を支え、高齢者の方々の生活の質を高めていきたいと強く願っている。

---

[1] 研究したいことがわかる。…K（研究）の明確さ
高齢者の生活改善を図るために、高齢者を見守る方法を研究していきたいという意図が伝わります。

[2] 研究を志した動機が述べられている。…D（動機）の明確さ
高齢者の見守りの現状を踏まえ、研究の重要性をしっかりと述べることができています。

[3] 志望校を選んだ理由がはっきりしている。…S（選択）の明確さ
高齢者の孤立について研究している教員の存在やカリキュラムをもとに、志望校を選んだという理由が述べられています。

カンザキのアドバイス

　社会福祉学系の学部・学科の志願者は、「人を助けたい」という気持ちが強く、その達成のために社会福祉学を志すという方向性で論じることが多いです。それ自体はよいのですが、社会的弱者が置かれている現状を延々と語り、「困っている社会的弱者を支えたいから社会福祉学を志望した」などと感情論と熱意だけで志望理由を論じる人を見かけます。しかし、肝心なのはその現状には**どういう課題や問題が潜んでおり、社会福祉学の立場でどう解決すべきかを考える**ことにあります。その過程を経て、ようやく研究したいことが絞れるのです。

　また「社会福祉士になりたい」「介護福祉士の資格を取得したい」「高齢者を支える仕事に就きたい」など、資格や職業に焦点を当てて論じる人も多いようです。しかし「社会福祉士になった時、大学の学びをどう活かしたいのか」という質問や、「介護の仕事をするならば、ホームヘルパーのほうが適しているのではないか」「専門学校でもよいのではないか」という反論が考えられます。**社会福祉学の分野でどういう研究をして、仕事に役立てたい**のか、一度考えてみる必要があります。社会福祉学は高齢者・障害者・児童・母子などと対象が幅広く、また専門分野も多岐にわたるので、研究する分野を絞りましょう。

課題となるようなテーマ・体験と学問との関連

福祉施設での職業体験を素材にする受験生も多いようです。また、祖父や祖母の介護など、親族の例を挙げながら社会福祉学の必要性を語る人もいます。社会福祉に関連するニュースを挙げる人もいます。

テーマ・体験	対応する学問
福祉施設での職業体験	福祉臨床学(高齢者福祉論、障害者福祉論など)
認知症・高齢者介護・高齢者の孤立・高齢者の虐待	福祉臨床学(福祉住環境論、地域福祉論など)
障害者の就労・自立支援・介助・差別	福祉計画学、福祉臨床学(障害者福祉論、児童・家庭福祉論など)
子どもの虐待	福祉臨床学(児童・家庭福祉論、医療福祉論など)

社会福祉学に関連する職業

社会福祉学の学びを活かした職場で働く人が多いのが特徴です。福祉の第一線で活躍したり、社会福祉士・介護福祉士・精神保健福祉士などの資格を取得して、専門的な仕事をしたりします。

福祉関連企業、社会福祉士、介護福祉士、精神保健福祉士、公務員、老人ホーム職員、児童相談所職員、ソーシャルワーカー、ケースワーカー、学校教員、研究者

学問紹介

社会福祉理論・発達史・調査法といった基礎的な分野と、高齢者福祉・障害者福祉・児童福祉・医療福祉・地域福祉・司法福祉といった専門分野に分類できます。

学問	内容	代表的な講義
福祉計画学	福祉サービスに関する計画を経営について研究する。	福祉経営学（福祉に関わる団体や企業のマネジメントについて研究する） 社会福祉政策論（年金制度など、社会福祉政策について研究する） 福祉財政論（社会福祉のための財政について研究する）
福祉臨床学	社会福祉の臨床的側面の研究を基本として、特に対人援助の実践に必要な基礎的実力を養う。	ソーシャルワーク論（社会問題を福祉の力で解決する方法を学ぶ） 児童・家庭福祉論（児童や家庭に対する社会福祉のあり方を研究する） 障害者福祉論（障害者福祉の理論、援助方法や技術を研究する） 高齢者福祉論（高齢者に対する社会福祉のあり方を考える） 医療福祉論（医療福祉やソーシャルワーカーについて研究する）

推薦図書の紹介

社会福祉について学べる書籍を紹介しています。福祉の仕事についての理解だけでなく、福祉を受ける側の視点や現状の福祉政策の問題点を理解しておくとよいでしょう。

『持続可能な福祉社会―「もうひとつの日本」の構想』広井良典　（ちくま新書）

日本の社会福祉のあり方を根本から見直すための1冊。「持続可能な福祉社会」を実現するために必要な事柄を提言している。広井氏は公共政策の専門家。『創造的福祉社会：「成長」後の社会構想と人間・地域・価値』（ちくま新書）など著書多数。

『重い障害を生きるということ』高谷清　（岩波新書）

この本では、重い障害を持って生きている人は"生きているのがかわいそう"なのか、という問いかけをしている。「障害をどうみるか」を考えさせられる1冊。高谷氏にはほかに、『透明な鎖―障害者虐待はなぜ起こったか』『はだかのいのち』（ともに大月書店）などの著書がある。

『ソーシャルワーカーという仕事』宮本節子　（ちくまプリマー新書）

ソーシャルワーカーは、社会の中の居場所を見失った人を支え育てて、暮らしの環境を整える仕事である。ソーシャルワーカーとしても活動していた著者が、経験をもとに、具体事例を挙げて仕事内容や取り組むべき姿勢を綴っている。ほかに、『フェミニズムと社会福祉政策』（共著、ミネルヴァ書房）などの著書がある。

芸術学

志望理由書 回答例 16

ポイント　「芸術が好き」ではなく、究めたいことを具体的に示そう。

Before

　私は子どもの頃から芝居をやっており、高校では演劇部に所属していた。また、舞台をよく見ていた私にとって、舞台女優になることは憧れであった。私は大学で演劇について学び、舞台女優として活躍したい。

　一見、華やかな世界に見えるが、多くの苦労があって成り立っているのが演劇の世界である。役者は、与えられた設定に応じて演出側が求める役を演じきることが必要だ。脚本家がキャラクターをつくり上げて台本にして、演出家はそれを解釈して役者に伝える。さらに音楽や照明、各種道具によって、演技を引き立てる。それぞれの立場で議論したり、対立したりすることもあるが、そうした壁を乗り越えてひとつの作品に仕立てる。しかし、演出や演技が本当に私たちの目指すところなのか、考えていることが適切なのか、迷うことが多くある。演劇のおもしろさはわかっているが、正しさはわからない。結局、部の中での議論や対立は、お互いが演劇に関して素人だから起こるのである。目的を共有するだけではよい演劇にはならない。演劇に関わるすべての人々が正しい知識を持ち、互いの意図が理解できるようにならなければ、見ている人に元気や勇気、感動を与えることはできない。

　私は、演劇を通して多くの人々に元気を与えたい。そのためには演劇の基礎から学び直し、刺激し合う仲間とともに学ぶ場所が必要だ。そして自分たちで演劇をつくり上げる機会も欠かせない。○○大学芸術学部演劇学科では、そういったことがすべて行える。貴学の卒業公演を見に行った時、人々が協力してつくり上げた作品だということが感じられた。舞台の基本も学べ、夢に向かうことができるのは他の大学ではなく、貴学である。

　将来は大学で演劇について学び、多くの人々に勇気を与えられる役者として活躍したい。時には様々な対立が起こることもあるだろう。しかし、よき演劇をつくり上げるためには積極的に意見を交換し、演劇の知識を身につけるべきだと考えている。

問題点

✗ **大学で研究したいことが具体的ではない。… K（研究）の不明確さ**
演劇について学びたいと述べていますが、具体的に何を研究したいのかがわかりません。

✗ **研究を志した理由が伝わらない。… D（動機）の欠如**
演劇の苦労と学びの大切さは伝わりますが、なぜ演劇研究を志したのかが伝わりません。

✗ **志望校を選んだ理由が不十分である。… S（選択）の欠如**
他大学ではなく、志望校の進学を望む理由に独自性を感じません。

改善点

● どういう演劇学研究を行いたいのかを明らかにする。
● 演劇学研究を志した動機を説明する。
● 演劇学研究を行う上で、志望校がなぜふさわしいのかを述べる。

After

　私は役者をやっている。役者というのは、脚本家や演出家が求める役を演じきることが求められる。だが、要求どおりに表現することは難しい。ましてや古典的な作品に取り組む時には、脚本家の意図を問うこともできない。私は大学で <u>演劇作品の内に潜む脚本家の意図を探り、感情表現に活かす演技の研究に挑戦していきたい</u>[1]。

　たとえば、悲しさを演じる時、その感情そのものを考えても、再現することはできない。再現しようとしても自然に演じることができない、ともいえる。過去に経験したことや発言したことをもとに、それを真似することはできるが、その経験がないと模倣すらできない。結局は、実験的に演じながら模索することになるが、古典的な作品に取り組む時にはそれすら難しい。たとえばシェイクスピアやモリエールの作品の場合、当時と現代の価値観にずれが生じ、当時の人々が抱いた感情を表現することは困難である。たしかに、そうした時に自分に起こり得る感情に置き換えて演じることはできる。しかし、それでは作品を正しく表現したことにはならない。それよりも、演出家が作品の意図を探りつつ、いかにその作品の時代に即した表現を行い、役者に伝えるのか、ということを考えるべきだ。私は <u>作品の正しい理解と表現のために、作品や脚本家の社会的・心理的・時代的背景を探り、演劇に活かしていきたい</u>[2]と考えている。

　そのためには、演劇実習が充実しているだけでなく、演劇史や作品研究を行える場が必要だ。○○大学芸術学部演劇学科は、そういったことがすべて適う。<u>舞台総合実習や演技実習が充実している</u>だけでなく、<u>近代演劇史と演出論を専門としている△△教授に、作品の解釈についての教えを乞える</u>[3]のが非常に魅力的である。舞台の基本も学べ、作品に真正面から向かい合うことができるのは、他の大学ではなく貴学である。将来は大学で刺激し合う仲間とともに学び、よい演劇をつくり上げ、後世に伝えることができる役者として活躍したい。

---

[1] 研究したいことが明確である。
… K（研究）の明確さ

「脚本家の意図を反映した感情表現方法の研究をしたい」という意図が伝わります。

[2] 研究を志した動機を述べている。
… D（動機）の明確さ

自らの演技体験をもとに、作品研究の成果を踏まえた演技の必要性を論じています。

[3] 志望校を選んだ理由が明確である。
… S（選択）の明確さ

演劇実習の多さだけでなく、作品研究の場も整っているから、志望校を目指したことが説明できています。

16　芸術学

カンザキのアドバイス

　芸術学系統の学部・学科志望者で最も多いのが、部活動の体験を動機とするものです。志望理由を述べる時、部活動での苦労を延々と述べるだけで終わったり、「仲間がいたから、最後まで頑張れた」などと論点がずれてしまったりするケースが見られます。また、部活動の楽しさを語った上で、「人々に夢と希望を与えるために、芸術学の道に進みたい」という表面的な内容で文章を終える受験生もいます。この記述は好ましいとはいえません。

　一方、「私は絵が好きだから、デザインをやりたい」「音楽が好きなので、音楽学科を志望した」といった、自分が好きなことを追究したいという趣旨で述べる人もいます。その多くは、絵や音楽が好きになった経緯を動機として述べていきます。これでは芸術学という学問を研究したいとは思えません。

　大学側はあくまで**芸術学にどれだけの関心があるのかを見たい**わけですから、「好きだ」のレベルで終わらせるのではなく、もう少し**発展的な内容に言及**したいところです。たとえば、演劇であれば、自らの演技の中での問題点を見出し、演劇学の知見や研究でどう解決できるのかを述べるとよいでしょう。

課題となるようなテーマ・体験と学問との関連

部活動や趣味を起点に、動機を掘り下げる人が多いようです。これらは素材となるネタが引き出しやすいという特徴があります。また、学校行事や高校の音楽や美術の授業を事例として挙げる人もいます。

テーマ・体験	対応する学問
部活動（吹奏楽部、合唱部、演劇部、写真部、放送部、美術部など）	音楽学、演劇学、映画学、写真学、放送学、美術学
学校行事（合唱祭、文化祭など）	音楽学、演劇学、映画学、写真学、放送学、美術学
高校の授業（音楽、美術）	音楽学、演劇学、美術学
自分の趣味や習い事に関すること	音楽学、演劇学、映画学、写真学、放送学、美術学、建築学
オープンキャンパスでの模擬授業	音楽学、演劇学、映画学、写真学、放送学、美術学

芸術学に関連する職業

専攻する分野によって、就く職業は異なります。美術学専攻であれば美術関連、音楽学専攻であれば音楽関連の仕事に就く人が多いようです。また、学校教員を志す人もいます。

演奏家、音楽教室講師、楽器メーカー、画家、彫刻家、デザイナー、映像・広告・出版関連企業、役者、アナウンサー、カメラマン、ディレクター、音響ミキサー、建築家、学校教員、学芸員、研究者

学問紹介

音楽学・美術学・放送学・映画学など、表現する方法の違いによって分類されています。また、建築学科は工学部の中に設置されることもあれば、芸術学部におかれる場合もあります。

学問	内容	代表的な講義
音楽学	楽譜や専門的史料から、音楽や音、音響に関わる研究を行う。	**音楽美学**(音楽の特徴、感情との関わりから音楽的な美を研究する) **音響デザイン論**(音響の演出や録音、舞台などの音響プランの立て方を学ぶ)
美術学	日本画・油絵・彫刻など、純粋芸術に関する専門的な研究を行う。	**美術史**(美術作品の歴史を研究する) **造形表現**(美術作品を制作し、造形表現のあり方を研究する)
放送学	テレビ(映像)、ラジオ(音声)など放送に関連する理論を学び、適切な情報文化の発信を研究する。	**広告**(情報文化としての広告理論を学ぶ) **放送音響論**(テレビやラジオにおいての効果音や音声など、音響について学ぶ)
映画学	映像文化を学び、映画制作や評論まで、映画に関わる知識を身につける。	**映画史**(映画の歴史を研究する) **映画流通論**(映画制作から鑑賞までの道筋を理解し、映画流通全体を把握する)
建築学	人間生活の基盤である住宅や様々な建築物を、適切に計画設計・建設・維持管理する方法を研究する。	**建築意匠学**(建築物のデザインを学ぶ) **都市設計論**(都市や地域の社会的課題を解決するための都市設計を研究する)

推薦図書の紹介

専攻を希望する分野の作品集や論評を読むだけでなく、研究者の書籍にも触れ、芸術はどういう視点で評価されているのか、という視点も持っておきたいものです。

『美学への招待』佐々木健一 (中公新書)

芸術が突きつけられている課題を、私たちが日常抱く素朴な感想や疑問を手がかりに解きほぐし、美と感性について思索する楽しみへ導いてくれる。佐々木氏は、美学芸術学専攻。著書には『フランスを中心とする18世紀美学史の研究 ─ ウァトーからモーツァルトへ』(岩波書店)などがある。

『芸術回帰論─イメージは世界をつなぐ─』港千尋 (平凡社)

"分断"を、芸術の力でつなぎ直そうと提案している1冊。写真という芸術作品をつくることは、科学と芸術をつなぐことにも通じる、と述べている。生産と消費など、様々なフィールドで科学技術と芸術をつなぐイメージの力を探り、個と共同体を救出する方法を探っている。港氏は写真家。

『音楽の根源にあるもの』小泉文夫 (平凡社ライブラリー)

世界の諸民族が持つ、それぞれの音楽に共通するものは何か、と音楽と人間との関わりを見つめ直している1冊。小泉氏は、民俗音楽学者であった(1983年没)。他には、『呼吸する民俗音楽』(学研)などの著書がある。

難関大学を攻める KDSのルール

　指定校推薦や入試倍率の低いAO入試、自己推薦入試を受験する場合は、志望理由書の「KDSの法則」を忠実に守って論じれば、ほぼクリアできるでしょう。しかし、国公立大学や難関私立大学のAO入試や自己推薦入試を受験する場合はそういうわけにはいきません。受験倍率も高く、上位校になるほど受験者のレベルも上がります。おのずと志望理由書の質も上がりますので、相応の対策が必要となります。審査を切り抜けるためには、他の受験生よりも秀でた志望理由書を提出する必要があるということです。そのポイントが、**「最先端研究の理解」「研究の重要性のアピール」「教員とのマッチング」**の3つです。

　これらを考える時、国立情報学研究所が運営する『CiNii※-日本の論文をさがす』（http://ci.nii.ac.jp/）というサイトを活用します。ここでは、学会などが発行した学術雑誌や論文をキーワードや著者で検索できます。CiNii内で無料公開されている論文であればPDFで読むことができます。公開されていなくても、サイトの情報をもとにして図書館へ探しに行き、**ライバルに差をつける「攻め」の志望理由書**にしましょう。

「攻め」の3つのポイント

K(研究)
キミが専攻する分野の最先端の研究を理解しよう。

↓

D(動機)
専攻する分野以外でも活用できる研究であることを述べよう。

↓

S(選択)
専任教員に研究指導が受けられることを示そう。

※Citation Information by National institute of informaticsの略。「サイニィ」と読む。

K（研究）

【学問の研究不足は、致命傷となり得る】

大切なのは、**最先端の研究を知った上で、研究したいことを決める**ということです。日本の学術界を牽引（けんいん）する研究者が集まるのが、難関大学です。そうした研究者（教員）たちがキミの志望理由書を評価する時に気にしているのは、事実認識の甘さです。研究の実態を理解していないまま志望理由書を書き始めてしまうと、その曖昧さや誤認が文章に現れます。

その主な原因は、自分が専攻したいと考える学問について調査せず、自分の頭の中で考えたことだけを論じ続けることにあります。そうすると、多くは理想論を雄弁に語るだけの文章になり、いわゆる優等生が書きがちな紋切型の文章になってしまいます。難関大学の志望理由書では、**「学問の研究不足」は致命的なミス**であることを覚えておいてください。

【先行研究を調べ、K（研究）を定める】

専攻したい学問の先行研究を調べるために、CiNiiを活用しましょう。CiNiiの「論文検索」を使って、キミの研究したいことに関するキーワードを入れて検索します。そして、新しい論文に注目して中身を読んでみたり、論文タイトルを見たりすると、**最先端の研究の概要を知る**ことができます。その中に潜んでいる課題を把握し、それを改善する形でK（研究）を決めれば、おのずと**独自性**が出るでしょう。

- 難関大学の教員は、日本の学術界を牽引する研究者であることを理解しよう。
- 先行研究を調べてから、どういう研究をすべきか考えよう。
- 先行研究を調べる際に、CiNiiの「論文検索」を活用しよう。

D（動機）

【相対的な評価を高める必要がある】

　大学側が志望理由書の優劣を定める時、複数の受験生のものを比較検討します。評価基準は教員たちの中で共有していますが、採点には必ず「揺れ」が生じます。最終的には読んでいる教員の主観的な評価に委ねざるを得ないのです。

　採点者が評価をする時、まず「説得力のある書類はどれか」という観点で見ていきます。したがって、他の受験生ではなくキミを合格させることが大学にとって有益であることを表現すればよいのです。単に自分を売り込むだけでなく、**「私が研究を進めれば、このように社会が豊かになります」**というビジョンも明らかにしておきましょう。

【他分野への応用を視野に入れて、D（動機）を論じる】

　キミが専攻したい分野の発展だけにとどめず、他分野にも応用できることを論じてみましょう。ここでもCiNiiの「論文検索」機能を使います。専攻したい領域とは別の学会などが発行している雑誌に載っている論文に目を通すと、他の学問領域との関連を探ることができます。その内容をもとに、「ここではこういうように応用できるのではないか」というものをいくつか挙げ、志望理由書のD（動機）の最後に盛り込んでみましょう。様々な分野で役立つことがしっかりと説明できれば、研究の重要度が高いことが伝わり、おのずと志望理由書の評価も高まります。

- キミの研究がいかに有益なものであるか、しっかりと説明しよう。
- CiNiiの「論文検索」を用いて、キミの研究が他分野でどのように応用できるか、考えてみよう。

S（選択）

【研究室を持っている教員とのマッチングを図る】

研究したいことが志望校で実現できるか否かを、大学を選ぶ基準にすべきだと述べてきました。一方、大学側は「所属する教員に、その研究の指導ができるか否か」という視点で志望理由書を読みます。受験生がやりたい研究の指導をできる教員がいて、その分野の研究に強い大学であれば、積極的に合格させたいと思うでしょう。大切なのは、K（研究）と大学教員のマッチングを意識しておくことです。ただし、教員には常勤の教員（教授、准教授、専任講師など）と非常勤講師がいます。研究室を持っているのは、多くが常勤です。できればそれらの教員とマッチングさせたいところです。

【ターゲットとなる教員の研究内容を探る】

K（研究）と大学教員のマッチングを図るために、ターゲットとなる大学教員の研究内容を探る必要があります。志望校のパンフレットやホームページには「教員紹介」という欄があり、教員の名前とその教員の専門分野が併記されています。その情報を手掛かりに、CiNiiの「著者検索」機能を用いて、その先生が研究していることを調べてみましょう。直近の論文であるほど、その先生が最近興味を持って取り組んでいる研究であることがわかります。その上で、キミの研究の指導ができそうか否かを判断しましょう。

- 研究室を持っている教員とK（研究）をマッチングさせよう。
- CiNiiの「著者検索」を用いて、ターゲットとなる教員の研究内容を詳しく探ろう。

考古学

ポイント なぜ考古学にこだわるのか、理由を明らかにしよう。

Before

　私は、小学校3年生の時から7年間習字を習っていた。先生は、作品を書く時の筆の使い方や止め、はねはもちろん、ひらがなや漢字の成り立ちや意味を理解させたり、楷書、行書、草書と様々な書体を生徒たちに書かせたりと、習字だけではなく文字の魅力についても教えてくれた。それゆえ、私は小さい頃から文字について人一倍興味を持っていた。私は、こうした文字をもとにして歴史を感じるために、考古学を学びたいと考えるようになった。

　中学の日本史の授業で、漢字は中国から伝わったこと、当時のことを知る貴重な史料として剣や木簡に漢字が使われていることなどを知った。私は、それらの史料から当時の生活の様子や習慣を詳しく知りたく、考古学について深く勉強していきたいと思い始めた。現在、発掘調査の手伝いをしており、発掘した出土品から当時の生活・文化・人々の思想などを読み取ったり、土器や木簡などを組み立てたり、修復したりしている。しかし、まだまだ謎の多いのが考古学だ。

　私は、日本では珍しい壁画古墳である高松塚古墳やキトラ古墳に興味がある。高松塚古墳の壁画が高句麗の古墳の影響を受けていることは、さらに興味深い。どちらも同じように、石室の天井に極彩色の星宿図や四神図などの美しい壁画が描かれているのだ。違うのは、高句麗の古墳の一部は被葬者の名前や築造年代が文字で記されており、日本では文字が一切用いられていないところだ。文字に魅力を感じる私は、日本ではなぜ文字を使わなかったのかと疑問に思い、この謎にとても心が惹かれた。

　考古学は、実用的な学問ではないかもしれない。しかし、謎をひとつずつ解き明かしていくことは非常に重要だと思う。文明や科学の進歩があったからこそ、私たちの生活は豊かになってきたのだ。その足跡を探り、記録し、保存して、後に生きる人々が活用できるようにするために欠かせないのが、考古学だと考えている。

　考古学を学ぶ時、中でも貴重な史料を扱う時などは、神経を使ったり集中したりと、とても細かく繊細な作業が多い。たとえば、保管の時の湿度・温度の調整、発掘する時に素人では判断のつかないような地層の微妙な変化の見分け、木簡を保存する時の針葉樹と広葉樹の作業行程の違い、出土品を運ぶ時の持ち方、土器の色・破片の厚さを見分けながら自分の想像と知識で復元する作業などがある。これらは、非常に慎重かつ重要な作業である。

　貴学の総合人文学部では、教授の人数も他の大学と比べて充実しており、自分の得

意な分野だけではなく、様々な分野も学ぶことができると思っている。

　また、大学内にある博物館では、重要文化財が多数展示してあったり、明日香村と連携事業をしていたり、高松塚古墳壁画再現展示室があったりと、考古学の研究に対してかなり力を入れていることがわかり、ぜひここで学びたいという気持ちになった。

　さらに貴学では、岐阜県の遺跡や沖縄県の久米島にある伊敷索城(いしきなわぐすく)などを調査しているなど、私のやりたい発掘作業から土器を組み立てる作業まで、すべて学ぶことが可能である。充実した発掘調査をして、それらを活かしていき、より広く深い知識を身につけたいと考えている。

　貴学のある地域の大学では、考古学や発掘調査が盛んに行われており、自分の興味のある分野についてより深く調べることが可能だ。また、大学どうしの結びつきも強いので他の大学の調査にも参加することができ、発掘に携わっている他大学の人たちと交流することもできる。同じ考古学を学んでいる人たちに刺激を受け、さらに自分の知識を深めていきたい。

　一言で「考古学」といっても範囲は広い。また、この分野での学びは様々な体験をするチャンスでもあると思う。たとえば発掘する際に使用する大型機械や、測量・実測する際に使用する専門の機器材を扱うこと、ほかには、参考として外国語で書かれた海外の考古学資料を読むことなどだ。

　私は、高校で弓道部に所属していた。弓道では、たった1本で勝敗が決まる場合があり、「この1本は必ず決める」という気持ちで練習してきた。それゆえ、弓道で培ってきた集中力には自信がある。また、湿気や温度に弱い弓具を取り扱ってきた慎重さや丁寧さは、考古学でも活かせると思う。これらのことを最大限に活用し、多くのことを享受して、勉強でも人間的にも成長させてくれて、私の目標でもある学芸員になれることができるのは貴学であると信じ、ぜひ入学して思う存分頑張っていきたい。

問題点

✗ **大学で研究したいことが明確ではない。…K(研究)の不明確さ**
文字への関心と、高松塚古墳やキトラ古墳への興味はわかりますが、具体的に何を研究したいのかが伝わりません。

✗ **研究を志した理由がわからない。…D(動機)の欠如**
考古学の大切さや必要な能力は伝わりますが、なぜ考古学研究を志したのかが伝わりません。

✗ **志望校を選んだ理由の妥当性が判断できない。…S(選択)の不明確さ**
研究したいことが明確でないため、志望校を選択した理由として成立しているか否か、判断ができません。

改善点

- どういう考古学研究を行いたいのかを明らかにする。
- 考古学研究を志した動機を説明する。
- 考古学研究を行う上で、志望校がなぜふさわしいのかを論じる。

After

　日本の古墳には被葬者や築造年代を記したものがない。古墳は故人の業績を後世に伝えるモニュメントの役割を持つにも関わらず、現代において古墳の被葬者を特定するためには、埋葬品や書物など、間接的なものから得ることが多く、明確に被葬者や築造年代がわかっている古墳は少ない。では、なぜ日本古墳にはこうした記述が文字で残されていないのだろうか。私は、この疑問を研究テーマに据えたい。[1]特に、近畿地方には奈良県高市郡明日香村にある高松塚古墳やキトラ古墳など、現在発掘作業を進めている古墳が多く存在する。文献による調査や専門の先生方からのご指導も重要だが、私はこうした古墳調査に積極的に参加し、検証を進めていきたい。そのためには、古墳発掘の専門家が多く所属し、歴史的資料や発掘作業による研究が推し進められる環境が欠かせない。また、あわせて飛鳥時代の文化と関連性の深い朝鮮文化をはじめ、比較のために他国の文化について研究することも必要である。貴学では、こうした学びとさらなる研究を進めることができると考え、○○大学文学部総合人文学科日本史・文化遺産学専修に志願した。

　私は幼い頃から恐竜や化石といったものに興味を持っていたが、古墳と文字との関係に興味や関心を抱いたのは、高校の日本史での学習がきっかけ[2]である。図説やパネルで見た高松塚古墳の「飛鳥美人」は、一般人にも馴染みがある壁画である。私は「飛鳥美人」や玄武、青龍といった四神が描かれている壁画を見た時、鮮やかな極彩色であることに衝撃を受けた。女性の着ている服のしわの線や、青龍の体にあるうろこのタッチの美しさに目を奪われる一方で、ある疑問を抱いたのである。

　それは、「なぜ文字情報を用いなかったのか」ということだ。高校の授業では、悪霊や災いを防ぐためなど、様々な役割を持っていた埴輪を古墳に置いたと学んだ。また、一般的に知られている墓は、墓石に被葬者の情報が文字によって示されていることが多い。高松塚古墳が築造された7世紀終わりから8世紀初めあたりは既に漢字も伝わってきているのに、高松塚古墳は埴輪や文字によって情報を残さなかった。それらの代わりに繊細で力強い壁画を残したのは、いったいなぜなのだろうか。

　私は、高松塚古墳やキトラ古墳は日本では珍しい壁画古墳であること、そして高松塚古墳の壁画は高句麗の古墳の壁画の影響を受けていることを手掛かりにして、高句麗古墳との関連性を文献調査によって探った。高句麗古墳群には、古墳が大小数万基あると推測され、そのうち約100基に色鮮やかな壁画が確認されている。古墳群にあ

る63基が世界遺産に登録されているのだが、登録されている古墳の16基の石室の天井に、極彩色の星宿図や四神図などの美しい壁画が描かれている。また一部は、被葬者の名前や築造年代が文字で記されているものがあるという。しかしながら、日本の古墳でなぜ文字を用いなかったのかは不明なのである。私は小学校3年生の頃から習字を習い、文字による表現のおもしろさや奥深さを直に体感している。同じ墓であっても、ピラミッドでは象形文字を用いて情報を伝えようとしているのに、日本の古墳や高句麗古墳の大半は文字を使っていないのである。

　文字という表現手段があるにも関わらず、過去の朝鮮の人々も日本人も、文字ではなく絵画や埴輪で表現したのはなぜだろうか。私は、この疑問を解き明かしたいと考え、大学進学を考えた 2 のである。

　こうした研究を進めるには、日本と朝鮮の古墳の比較とともに、実際の古墳調査を研究に活かせる環境が必要である。その環境が整っているのが○○大学文学部総合人文学科である。たとえば、考古学の△△教授からは、古墳の副葬品や絵画から社会構造や精神生活をどう読み解くべきかをご示唆いただき、研究の一助とすることができる。また、明日香村との連携を通して、飛鳥文化における朝鮮文化の影響についての調査が可能だ。さらには、高松塚古墳壁画再現展示室や、多くの重要文化財が展示・保管されている貴学の博物館に所属する先生方からも、助言を頂ける環境が整っている。ほかにも 朝鮮や中国との交流の歴史を研究するために、他の時代の文化を学べるシステムも存在する 3 こうしたことから、貴学は私の研究を推し進めるためには最適な大学だと確信し、強く入学を望む次第である。

　私が進めたい研究では、日本文化や朝鮮文化において、文字がどう使われていたかの比較を行うことになる。もちろん壁画古墳においても、日本と朝鮮の文化に差異が生まれる。この差異の分析を行うことにより、日本人独自の思想が明確になるのではないだろうか。この研究を通じて日本人の物の考え方、見方、捉え方についてより理解を深めていき、まだ多くの謎が解明されていない考古学の発展の一助となればと考えている。ぜひとも貴学の文学部総合人文学科日本史・文化遺産学専修に入学して、さらなる考古学の発展に向けて勉学に励みたい。

---

1 大学で研究したいことが明確である。…K（研究）の明確さ

日本の古墳には情報が文字で示されない理由を探りたいという主張がしっかりと伝わります。

2 研究を志した動機を明らかにしている。…D（動機）の明確さ

高校の日本史の授業をきっかけに、疑問点を掘り下げながら考察し、研究を志したという経緯が伝わります。

3 志望校の選択理由が明確である。…S（選択）の明確さ

志望校が研究するのに最適な場であることを、丁寧に説明することができています。

カンザキのアドバイス

考古学志望者の多くは、発掘作業に興味を抱いています。その時、「私はこつこつと努力することが得意なので、考古学を専攻するのに向いている」などと、地道な作業をするのに向いた性格であることを事例とともに説明し、志望理由として挙げるケースがしばしば見られます。それでは、考古学をなぜ志すのか、伝わりません。**考古学研究を通して、どういう歴史的な謎に迫りたいのか、現状ではその謎を解くのにどういう障害があるのか**などを、じっくり調査した後に論じましょう。

ほかには、古墳の発掘への興味が湧いた経緯を延々と語り、「発掘は大変な作業だ。だから私もその作業を手伝いたい」などと、発掘そのものへの興味にとどまる人がいます。肝心なのは発掘を通して、どういう史実を突き止めたいのかを明確にしておくことです。

また、歴史への興味を延々と語り続け、考古学へのこだわりを説明できていない人もいます。そうした志望理由書だと「なぜ考古学を専攻したいと考えるのか。遺跡や遺物になぜこだわりを持つのか」といった指摘や質問を受けることが考えられます。**遺跡や遺物などをもとに、歴史を探る意義・意味をしっかりと説明**しましょう。

課題となるようなテーマ・体験と学問との関連

多くの場合は、高校の歴史の授業や修学旅行で遺跡を見学した時の経験をもとに、考古学研究を志した旨を論じています。また、資料館や博物館の見学をきっかけにする人もいます。

テーマ・体験	対応する学問
遺跡発掘の体験	地震考古学、産業考古学、実験考古学、戦跡考古学、歴史考古学
高校の日本史・世界史の授業 修学旅行での体験 資料館や博物館の見学 オープンキャンパスでの模擬授業	海洋考古学、宇宙考古学(衛星考古学)、地震考古学、産業考古学、実験考古学、戦跡考古学、歴史考古学

考古学に関連する職業

博物館の学芸員や研究者として発掘に携わる人や、建設工事現場の発掘調査員になる人もいます。また、学校教員になったり、研究者として考古学を推進する人がいたりします。

学芸員、公務員、発掘調査員、学校教員、研究者

学問紹介

海洋考古学・宇宙考古学・戦跡考古学といった遺物がある場所で分けられたり、地震考古学など、遺物の種類によって分けられたりします。

学問	内容	代表的な講義
考古学	人類が残した遺物や遺構などを発掘し、人類の活動やその変化について研究する。	海洋考古学(海中の遺物を通して、過去の人々の生活を探る) 宇宙考古学(人工衛星による地球観測技術を活用し、遺物を発掘・研究する) 地震考古学(地震跡の調査や史料の記述をもとに、地震の発生年代を探る) 産業考古学(産業遺産をもとに、当時の技術を探る) 野外考古学(発掘調査を行いながら、発掘方法・出土資料の整理法など学ぶ) 地域考古学(特定の地域の歴史的事象を考古学的な視点から捉える) 博物館資料論(博物館資料の収集、保管、調査研究などの業務について理念と方法を学ぶ)

推薦図書の紹介

考古学者は発掘された資料をもとに、歴史を探ろうとしています。彼らの手によって、どのような分析が行われているのか、歴史をどのように紐解いていくのか、書籍から理解するとよいでしょう。

『遺跡が語る日本人のくらし』佐原真 (岩波ジュニア新書)

私たちの生活文化はいつから始まり、どう発展してきたのか。著者が全国各地の遺跡で発掘された資料をもとに想像力豊かに綴っており、考古学が身近に感じられる1冊となっている。佐原氏は、奈良文化財研究所や歴史民俗博物館の要職を歴任した考古学者(2002年没)。『考古学つれづれ草』(小学館)、『食の考古学』(東京大学出版会)などの著書がある。

『王陵の考古学』都出比呂志 (岩波新書)

日本の前方後円墳をはじめ世界各地の王陵を、埋葬作法や副葬品、祭祀などもふくめて概観し、これらモニュメントが登場する歴史的・社会的背景を明らかにする。さらにそれぞれの王陵が作られた時代背景と、果たした役割も考察している。都出氏は考古学者。著書に『古代国家はいつ成立したか』(岩波新書)などがある。

『地震考古学――遺跡が語る地震の歴史』寒川旭 (中公新書)

遺跡の発掘で、地震や津波の跡が発見できる場合がある。その情報と歴史上の記述を照らし合わせることで地震災害の実態を把握し予測するというのが地震考古学の定義だ。著者の寒川氏が提唱者である。耳慣れない"地震考古学"という分野を知るにはよい1冊となっている。寒川氏には、ほかに『地震の日本史』(中央公論新社)、『揺れる大地』(同朋舎出版)などの著作がある。

総合政策学

ポイント 文理問わず、複数の学問領域の融合を目指す。

Before

　人権とは、人間としての尊厳を尊重することだと考える。人はみな平等で、人間らしく生きる権利を持っている。理想、信念、希望、そして誇りを持って生きるということだ。ただ生物学的、動物的に生きていればよいというものではない。しかし実際には、個人の努力や能力では乗り越えられない差別に苦しむ人たちがいる。私は将来、政策担当者として、社会の隅に追いやられたり不幸な生活を強いられたりしている人々の救済に尽力したい。そのために、学問領域にとらわれず、他学部の科目の履修が可能な貴学のシステムを活用し、問題の本質の発見、その解決方法について、幅広くかつ統合的に学習できる総合政策学部を志願する。

　私は中学の時、人権についての学習で「ハンセン病」を知り、さらに深く知りたいとの思いから、東村山市にある国立ハンセン病資料館を訪れた。本名を捨て、親子の縁さえ切って治療の名目で隔離されたそこでは、入院患者は囚人並の扱いだったという。特に印象に残っているのは、園内結婚で妊娠した女性が中絶を強いられたという話だ。資料館で目にしたり耳にしたりした事実は、圧倒的な力で私に訴えかけてきた。なぜこんなにも、人間性を無視した過酷な生活を強いられなければならなかったのか。なぜ今も、偏見や差別に苦しまなければならないのか。胸を塞がれそうな思いで資料館を回るうちに、ひとつの希望を見出した。それは入居者同士の思いやりだ。親から離された幼い子どもたちに、大人が親のようにも教師のようにも接したという。また、杖をついて歩く人がぬかるみに足をとられないようにと、持ち金を出し合って敷石を買い、入居者自らが園内の道路整備をしたという話も聞いた。「ライ」「クサレ」と蔑まれる苦悩と絶望の中、人はこれほどまでに、人にやさしくなれるのか。私はこの怒りと感動を作文にし、全国人権作文コンテストで、県の奨励賞を受賞した。その後、この差別が近代化を急ぐ国家によって作り出されたものであることを知り、さらなる怒りを覚えるとともに、理不尽な差別をなくしたいと考えるようになった。

　私は地域トップの県立高校受験に失敗し、□□高校に入学した。入学当初は目標とした県立高校への未練があり、テニスの試合に行ってもその高校の部員が羨ましく、劣等感を持っていた。しかし部での楽しい人間関係の中にいられたり、テニスでインターハイ出場といったよい戦績を出せたりするうちに、その思いは払拭され、今では□□高校が自分に最適だと思えるようになった。テニス中心の高校生活を送りながらも、勉強にも手を抜かず、部活動が休みになる定期試験前の１週間などは、睡眠時間

4時間で必死に頑張り、恥ずかしくない成績を維持している。同じ場所であっても、努力によって自分が居心地よくいられる場所に変えられることを学んだ。

だがしかし、世の中には個人では乗り越えられない差別の壁に泣く人々がいる。能力があり、努力する意欲があっても、就職差別により入口でのチャンスを奪われたら、力の発揮のしようがない。

私は差別の本質を探り、現状を改善する政策を立案するため、コンピューターを使っての様々なシミュレーションを研究の対象としたい。なぜこの研究かというと、トーマス・シェリングの理論 Dynamic Models of Segregation を知り、さらに彼が現代のコンピューターを使って大規模に解析すれば社会の法則を見出すことができる、と言っていることに触発されたからだ。現代の差別という社会現象をモデル化し、コンピューターを用いて、このまま続いていけばどのような未来になるのかをシミュレーションしてみたい。また次の段階として、区別はあるが差別はない仮想社会をコンピューターの中に構築し、その社会の構成員たちが、たとえば災害や不況など様々な事象に対して、どのような動向を取るのかもシミュレーションしたい。これによって、シェリングが「隣人に対する寛容性、あるいは我慢の強弱に起因するもの」といった、差別の元ともいえる排他性や利己性・利他性を成立させる理由を推論できるのではないかと考える。さらにこういった人間の合理性や組織性、社会的本能というものを目に見える形で示すことは、政策の立案に有効なのではないかと思っている。

この研究を実現させるために、プログラミング言語や認知科学など、他学部の授業や研究会を大いに利用したい。また、何より△△教授のモデリング・シュミレーション技法、複雑系科学を是非とも学びたい。

私は中学の時に持った純粋な怒りを大切にしたい。それは、自分が人間としてどういう生き方をするのか、という中心になるものだからだ。ぶれない軸を持ち、必要な知識を学び、目標に向かう4年間を送りたい。この実現には、○○大学総合政策学部が最適であり、強く志願する。

問題点

✗ 大学で研究したいことが具体的ではない。…K(研究)の不明確さ
差別の本質について、シミュレーション技法を用いて解明したいという意図は伝わります。ただし、冒頭に研究したいことを表現しておきたいところです。

✗ 研究を志した理由が伝わらない。…D(動機)の欠如
差別問題に取り組みたいという熱意はわかりますが、シミュレーションとの関係について、もう少し字数を割いて説明しておきたいところです。

✗ 志望校を選択した理由が不十分である。…S(選択)の欠如
他大学ではなく、志望校への進学を望む理由が十分に説明できていません。

改善点

- 総合政策学の分野で研究したいことを、冒頭で明確に表現する。
- 差別問題をシミュレーションで明らかにする重要性を説明する。
- 差別問題をシミュレーション技法を用いて研究を行う上で、志望校がなぜふさわしいのかを論じる。

After

　世の中には、障害者、外国人、非正規雇用者、女性、病人等の理由で排除や差別を受けている人たちがいる。私は将来、このような人たちを モデリング技術やコンピューターシミュレーションによって救済したい [1] と考えている。このために、学問領域にとらわれず問題の本質を発見し、その解決方法について、幅広く、かつ総合的に学習できる場を探してきた。〇〇大学総合政策学部はこうした学びに適していると考える。私は、自らの人権擁護に対する意識や大学で研究したいテーマを定めるにあたり、過去を振り返ることにした。その過程を以下に示したい。

　私が人権意識を持ち始めたのは、中学生の時に取り組んだハンセン病に関する研究であった [2] ことは、伝えておかなければならない。ハンセン病への誤解があり、国が隔離政策を取ったことは、よく知られるところである。たしかに、ハンセン病の感染に対する国民の理解不足や偏見、風評などという社会的背景があったことは否めない。

　しかし、なぜこれほど彼らの人間性を否定し続けなければならなかったのだろうか。なぜ彼らは社会的に制裁を受けなければならなかったのだろうか。これらを疑問に思い、そして怒りの感情が湧いてきた時、私は将来、差別のない社会が実現できるように努力する、と心に誓った。その意思が多くの人々に伝わることを願ってまとめたのが、全国人権作文コンテストで△△県奨励賞を受賞した作文である。その時に抱いた不条理に対する怒りは、今でも収まっていない。この経験が、大学入学後も 人権保護に関する活動を行いたいと願う強い動機になっている [2] ことは間違いない。

　その後私は、部員数100名を超すテニスの名門校で、全国大会上位入賞を目標とする□□高校に進学した。進学後、持ち前の負けず嫌いに火がつき、テニス中心の高校生活を無我夢中で送り、人一倍の練習をこなした末、県優勝を果たした。しかしその一方で、私の中に「内なる差別意識」が存在することに気づいたのも、部活動においてである。テニスが強くなるにつれ、部活動での練習後のコート整備や移動の荷物運びはテニスの下手な者がやればよいと思っている自分に気づいた。教室では普通に接する級友に対しても、そう思ったのである。中学の時にあれほど差別やいじめに嫌悪感を持っていた自分が、なんと傲慢に人を見下していたのか。そしてそれは私だけではなく、レギュラーを中心に、部内におそらく無意識に存在した内なる差別であったと思う。だがしかし、その差別が顕著に表面化することはなかった。それは、私の試合でのパートナーであり友人でもある部長が、人間関係を取り持ち、部員全員を尊重

した言動をしており、さらに、自らが模範となって下仕事をこなす姿を一貫して私たちに見せ続けていたということがあったからだ。多くの部員が彼を見習ったことが、部内のモラルを保つことにつながったのであろう。この時、自分自身の穢れた心に対して嫌悪感を抱く一方で、微小な一人の行動が仲間の行動を左右していたことに気づけたのは、私が大学で行おうとしている取り組みに対する大きな収穫であった。つまり、集団に所属する人間の行動が、集団内の構成員の意識を変えることにつながる、ということである。

　もちろん差別問題は法律によって大部分は抑制がなされている。しかし一掃はできていない。人は皆、内なる差別を抱えている。普段は理性によって抑えているが、何かの拍子に本人さえもが驚くほどの強い感情となって湧き上がることもある。私は、現在行われているような個々の差別問題に対して、現場で対処する試みも必要だとは思うが、なにより 差別を表面化させない対策を立てることが重要ではないかと考える。 ２ その鍵となるのが、集団内の指導者や政策担当者である。彼らが 差別問題を適切に対処し、よりよい取り組みができるような支援を、モデリングシミュレーションを用いて行っていきたい。 ２

　差別問題を解決するためのモデリングシミュレーションソフトの開発、それが大学で実現したいことである。学級内のいじめなど、まずは身近な差別問題をサンプルにして、小規模なシミュレーションを行うことから始め、精度を高めていきたい。将来的には、差別問題の政策立案に活用できるようなソフトを開発したい。この研究を実現させるためには、複雑な人間社会を把握すること、先人が開発したシミュレーションの分析と検討、新たなモデリングの開発、プログラミングや認知科学 などが必要だ。貴学では、文理問わず開講されている授業や研究会が活用できる。 ３ 将来、自分が人間としてすべき生き方を実践するための場が、○○大学総合政策学部に揃っているので、ぜひ入学したい。

　中学、そして高校時代に抱いた、社会や自分自身への怒りを純粋に解消したい。このぶれない軸を持ち続けることは、私の背負った使命である。

---

１ 研究したいことをはっきりと述べている。…K（研究）の明確さ

目的意識を明確にし、差別問題をモデリング技法やシミュレーション技術を用いて研究したいという意図が伝わります。

２ 研究を志した動機を明らかにしている。…D（動機）の明確さ

時折自己アピールを交え、体験を素材にして、差別問題への高い関心とモデリングシミュレーションを用いた研究の必要性について述べています。

３ 志望校を選択した理由を述べている。…S（選択）の明確さ

差別問題をモデリングシミュレーションを用いて研究するための環境が備わっていることが説明できています。

カンザキのアドバイス

総合政策学を代表とする学際系（いくつかの学問領域にまたがる学問分野）学部・学科を志望する受験生の中には、「総合政策学部ではスポーツ学について研究できるから」など、特定の学問だけに執着して志望理由を述べる人がいます。しかし、ひとつの分野では解決しきれない課題を複数の学問分野の知見を駆使して解決するために設立されたのが学際系学部・学科ですので、そうした理由は評価されにくいでしょう。たとえば前述のように主張すれば「それならばスポーツ系の学部を志望すればよいのではないか」といった反論が考えられます。したがって、**ひとつの分野では解決できないが、複数の学問分野を融合すれば解決できる**ということを、志望理由書の中に示す必要があります。

また、学際系学部・学科は、最先端の研究が進められていることが多いのが特徴です。したがって、**K**（研究）の内容を慎重に検討する必要があります。

既存の学問領域だけでは解決が困難であるもの、しかし複数の学問領域を用いると解決できそうなものを**K**（研究）として定めるとよいでしょう。ただし、この内容を定めるには、相当な調査を行う必要があります。

課題となるようなテーマ・体験と学問との関連

社会の中で問題や課題になっている事柄を取り上げてみましょう。キミにとって身近な事柄があればベストですが、なければ課外活動などに出かけて、社会課題を探るとよいでしょう。なお、実学志向が強い学部のため、自主性や積極性の有無が問われやすいようです。読書やインターネットの情報だけで志望理由を示すことは避けたいものです。

テーマ・体験	対応する学問
社会の中にある問題・課題（少子高齢化、高度情報化社会、人口減少、地域活性化、グローバル化、女性の社会進出など）	社会イノベーション、政治学、経営学、住居学、都市政策、国際政策、言語文化政策
自分の趣味に関する体験	社会イノベーション、国際政策、言語文化政策
メディアに関する体験	情報学、メディア社会学、芸術学
ボランティア活動	社会イノベーション、政治学、経営学、住居学、都市政策、国際政策、言語文化政策
留学体験	国際政策、言語文化政策

総合政策学に関連する職業

自らが定めた研究分野に関連した職業に就く人が多いようです。公共政策や地域政策に関心が高い人は公務員やNPO・NGO職員、ビジネスに関心がある人は民間企業、中には起業家を目指す人もいます。

国家公務員、国連職員、国際公務員、ジャーナリスト、NPO・NGO職員、地方公務員、民間企業の社員、ビジネスコンサルタント、アナリスト、学校教員、研究者

学問紹介

以下に掲載している学問領域以外にも、文理問わず様々な学問を総合政策学で取り扱います。また、社会問題を総合的に解決することを目的としていることから、実学を重視した内容となっています。

学問	内容	代表的な講義
社会イノベーション	社会にある様々な要素を組み合わせ、新たな考え方を生み出す。	社会起業論（地域問題の解決につながる起業やボランティアなどを研究する） ベンチャービジネス・NPO経営論（創造的な経営を行う中小企業について学ぶ）
国際政策	国際間の問題を政策によって解決するための方法を研究する。	国際貿易論（経済活動に関する諸問題を理解し、代表的な貿易理論を考察する） 国際協力論（国際協力や開発援助の実体を理解し、今後の課題などを考察する）
言語文化政策	様々な社会問題を、コミュニケーションという視点から分析する。	異文化コミュニケーション論（異文化が混在することで起きる諸問題を踏まえ、文化について理解を深める） 比較言語学（同系で互いに関連性のある言語を比較し、理解を深める）
都市政策	政策によって都市が抱える問題を解決するための方法を研究する。	都市政策論（都市政策的問題をどういう理論によって解決すべきかを考える） 政策評価論（政策の策定、実施、評価を一体的に行い、効果的な行政を考察する）

推薦図書の紹介

書籍を通して、どのような社会的課題があるのか、その背景は何か、それらを解決する事例はあるのか、といったことを探りましょう。様々な先行事例を知ると、社会課題解決のアイデアを探るヒントになることが多いものです。

『希望格差社会』山田昌弘 （ちくま文庫）

この本では、将来に希望を持つ人と将来に絶望する人が分かれる社会が「希望格差社会」だと述べられている。総合政策学を学び、何ができるのか、何をすべきなのかを考えるきっかけになる1冊。山田氏は社会学者。著書には『少子化社会—もうひとつの格差のゆくえ』（岩波新書）などがある。

『ソーシャルデザイン 50の方法—あなたが世界を変えるとき』今一生 （中公新書ラクレ）

この書籍は、社会に潜む問題を解決するソーシャルビジネスの事例を紹介している。環境保護、福祉、被災者支援など、成功事例が豊富に掲載されており、社会起業家を志す人に多くのヒントを与えてくれる。

『世界を変える人たち—社会起業家たちの勇気とアイデアの力』デービッド・ボーンスタイン 著・井上英之 監修・有賀裕子 訳 （ダイヤモンド社）

格差社会が原因で起こる社会問題をビジネスによって解決する人々を社会起業家と呼ぶ。この本では、様々なアイデアのもと、医療・福祉・環境保護・教育の分野で成果を上げている社会起業家を取り上げている。

「この仕事に就きたい」と考えている人へのアドバイス

K(研究)では「"研究成果を職業に活かしたい"と述べよう」と提案しました。ここでは、文系学部を志望する受験生が、就きたい職業としてよく挙げるものを、取り上げました。そしてそれに関連する学問領域の例も記しました。キミの目指す職業がK(研究)とどう関連するのか、志望理由を考える材料として活用してください。K(研究)の文例も挙げているので、職業と学問をどう結びつけて表現するかを考える時の参考にしてください。

職業名	関連する学問領域	K(研究)の文例
心理カウンセラー	認知心理学 学習心理学 学校心理学 発達心理学 社会心理学 臨床心理学	【発達心理学を例にして】 発達心理学はかつて子どもが大人になるまでの過程を取り扱ってきたが、現在では老年期までを含むようになった。私は心的・社会的発達を妨げる要因について研究し、心理カウンセラーとして活躍したいと考えている。
学校教員	教育基礎学 教科教育学	【国語教科教育学を例にして】 国語教育では「読む・書く・聞く・話す」といった日本語の技能を高めることが求められるが、これまでは特に読み書き能力に重点が置かれてきた。私は対話能力を伸ばすための教科教育について研究し、中学校教員として活躍したいと考えている。
幼稚園教諭・保育士	教育学 幼児教育学 乳児保育 教育心理学 発達心理学 保育内容学	【保育内容研究(言葉)を例にして】 言葉を交わすことは、人が社会で生活するためには欠かせないものである。私は子どもが言葉を獲得するための方法を研究し、保育士として活躍したいと考えている。
栄養士	食品学 栄養学 調理学	【調理学を例にして】 調理は食材をおいしくするために行われるものである。私は、食べ物をおいしく変化させる調理法について研究し、栄養とおいしさのバランスを兼ね備えた調理能力を持つ栄養士として活躍したいと考えている。

職業名	関連する学問領域	K(研究)の文例
弁護士・検察官・裁判官	憲法学 刑事法 民事法	【憲法学を例にして】 日本国憲法では基本的人権の尊重がうたわれているが、人権擁護の観点から見て、いわゆる悪法といわれるものも存在する。私は市民の人権を守るための法的手段について憲法学の視点から研究し、弁護士として活躍したいと考えている。
公務員	政治学 行政学 財政学	【行政学を例にして】 近年、様々な環境によって行政の役割は変化し、不正・無駄・非効率な行政による活動の存在が問題視されている。私はこうした行政活動を正すための政策について研究し、公務員として活躍したいと考えている。
公認会計士	会計学 会計監査学 企業法学	【会計学を例にして】 経営者が株主に会計報告を適切に行うことは、健全な投資市場を築くためには欠かせない。私は企業の経済活動を測定する仕組み作りの研究をし、公認会計士の業務の中で活用したいと考えている。
スポーツ指導者	スポーツ科学 運動生化学 運動生理学 スポーツ工学 スポーツ解剖学	【スポーツ解剖学を例にして】 上肢や体幹を構成する組織の働きを理解せずに、動作を適切に指導することはできない。私はテニスの諸動作と組織の働きの関係について研究し、テニスの指導者として活躍したい。
介護福祉士	介護福祉学 社会福祉学 リハビリテーション学	【介護福祉学を例にして】 高齢化の進行に伴い、高齢者が質の高い生活を営むための支援が求められている。私は地域リハビリテーションを通した自立支援のあり方を研究し、介護福祉士として活躍した時に学びを役立てたいと考えている。

志望理由書　字数調整のコツ

志望理由書は、大学によって指定される字数やタイプが違います。
キミが志望している大学の志望理由書はどんなタイプでしょうか。この表を参考に、**K**(研究)、**D**(動機)、**S**(選択)を使った段落構成をうまく考えてみましょう。

タイプ・字数	カンザキのアドバイス	段落構成の例
志望理由書 ［600〜800字］	**K**(研究)、**D**(動機)、**S**(選択)を上手につなぎましょう。 　大学によっては、制限字数が少ない場合があります。その時は、**K**(研究)、**D**(動機)、**S**(選択)それぞれの項目で字数を減らし、すべての項目が入るように調整しましょう。	第1段落　K 第2段落　D 第3段落　S (第4段落　抱負)
志望理由書 ［1000字以上］	**D**(動機)の段落数を増やし、ボリュームを調整しましょう。 　**D**(動機)を「問題発見」「原因分析」「研究による問題解決」「社会貢献」と4段落分にわたる分量を割いて、充実させます。こうすると、なぜキミが研究課題にこだわるのかがしっかりと伝わり、学問や研究への真摯な向き合い方もアピールできます。	第1段落　K 第2段落　D①(問題発見) 第3段落　D②(原因分析) 第4段落　D③ 　　　　(研究による問題解決) 第5段落　D④(社会貢献) 第6段落　S 第7段落　抱負
志望学部・学科 の選択理由 (約400字)	**K**(研究)と**D**(動機)を使ってまとめましょう。 　「本学科を志望する動機」「あなたが○○学科で学びたいこと」などが問われます。 (ひと段落あたり100字程度を目安に)	第1段落　K 第2段落　D①(問題発見) 第3段落　D② 　　　　(原因分析・研究による問題解決) 第4段落　D③(社会貢献)
＋ 志望校の選択理由 (約400字)	**S**(選択)を利用してまとめましょう。 　「○○大学を志望した理由」「本学を志望した動機」という設問になることがあります。 (ひと段落あたり120〜130字程度を目安に)	第1段落　S① 　　　　(大学の選択基準) 第2段落　S② 　　　　(志望校進学の必要性) 第3段落　抱負
記入事項を指定 されている場合	今まで取り組んできたことを素材にして、問われている事柄に答えましょう。 【例：入学志願の理由(200字)】 ↓ 【例：入学後研究したい事項(200字)】 ↓ 【例：卒業後の進路(200字)】	S①(大学の選択基準) S②(必要性) ↓ K→D①(問題発見) D②(原因分析) D③(研究による問題解決) ↓ D④(社会貢献)、抱負

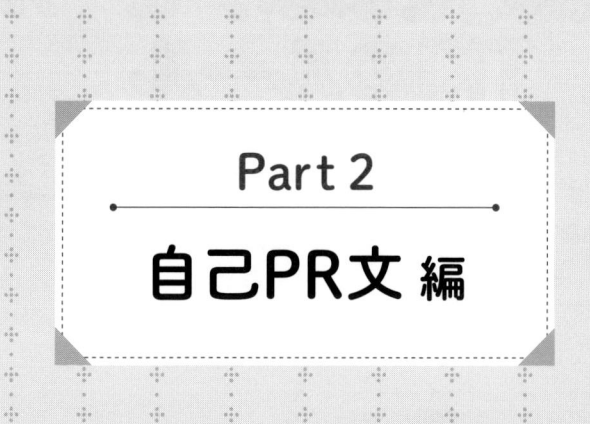

Part 2
自己PR文 編

「共感」をよぶアピール TKIのルール

　自己PR文とは志望校に自らの長所をアピールする文章です。出願の時「自己PR文」「自己推薦書」という名称で提出が求められたり、出願書類の中に自己アピールの記入欄が設けられたりします。志望校には入学者の受け入れ方針（「求める人材像」「アドミッション・ポリシー」などと呼ばれています）があり、**大学側は、それらに合った人物であるかどうかを、自己PR文で確認しようとしています**。したがって、自分の長所を好きなように論じるわけにはいきません。

　自己PR文は**キミを売り込むパンフレット**です。まずは自分が大学側が求める人物であると表現しましょう。なお、カンザキ流の自己PR文の書き方は、単なる長所自慢で終わらせず、**キミの成長の過程や大学入学後の伸びしろをアピールする**のが特徴です。自分の未熟さを受け入れつつ成長しようとする自己PR文は**大学教員の「共感」を得やすい**ものです。

　それらのポイントを法則にしたのが **TKI** の法則です。TKIとは、次の3つの頭文字を取ったものです。

　　Tyousyo（自分の長所）
　　Keii（長所を得た経緯）
　　Ikasikata（長所の活かし方）

押さえたい3つのポイント

T（長所）
私の長所は○○である。

↓

K（経緯）
その長所を得たのには、△△という経緯がある。

↓

I（活かし方）
大学では、□□のように長所を活かしていきたい。

T（長所）

【自己分析をして、長所を探る】

　自己PR文は自分のことを志望校にアピールする文章です。ですから、まずはキミの長所をできる限り挙げてみましょう。長所は人生経験の中で自分を磨いてきた成果ですから、部活動や課外活動といった体験を振り返ると、長所が見えてくることがあります。自己を肯定的に捉え、キミの「売り」を見つけましょう。

　もし思いつかない場合は、短所ならば挙げられるかもしれません。長所は短所の裏返しですから、たとえば「引っ込み思案」という性格は、「慎重である」とも捉えられる、と覚えておいてください。

【他者に長所を見つけてもらう】

　他者のほうがキミのことを知っているかもしれませんから、インタビューが効果的な場合もあります。友人・家族・先生などに、キミの長所を挙げてもらいましょう。思わぬ長所が発見できるかもしれません。

　また、長所を聞く時、「なぜそのように思うのか」と理由も尋ねておきましょう。さらに具体的な事例を挙げてもらいながら説明してもらうと、自己PR文を書く時の手がかりになります。

- 体験をもとにして、自分の長所を探ろう。
- 短所を裏返してみると、長所になることがある。
- 他者に長所を探ってもらうと、思わぬ長所が発見できる。

K（経緯）

【長所がアピールできる出来事を挙げる】

自己PR文では、大学側に「この受験生を入学させたい」と思わせる必要があります。そのために、キミの長所を最も上手にアピールできそうな体験を選びましょう。

まずは、今までの体験を振り返り、長所が役立った経験や出来事を挙げましょう。そして、その中で長所を活用してきたことをアピールします。事例は複数検討し、より多くの人に影響を与えた体験を優先的に選びましょう。部活動・生徒会活動・高校の授業といった学校生活、ボランティア活動・職業体験などの課外活動が代表例です。

なお、大会の成績優秀者や入賞者など、特定の分野で実績を持つ受験生であれば、その事例を優先して挙げ、長所とともに実績をアピールしてみましょう。

【長所を得てきた経緯を説明する】

キミはどういう体験を経て、長所を得たのでしょうか。長所は、経験の積み重ねによって育まれているものです。長所を活かすために行ってきた工夫や努力の足跡を述べ、長所だけでなく、キミの積極性をアピールします。

ポイントは、具体例を活用することです。体験の詳細を説明して、どういう状況でその長所が他者に役立ったのかをまとめます。すると、キミの長所がいかに有益なのかが読み手に伝わり、その長所を説明しようと考えたキミの意図も理解してもらえます。

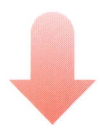

- 長所を存分にアピールできる出来事を選ぼう。
- その出来事の詳細を述べ、キミが長所を活用してきたことをアピールしよう。
- 長所を活かすための工夫や努力についても触れよう。

（活かし方）

【長所の重要性を表現する】

　自己PR文の典型的な失敗例として、「実績や能力の高さを自慢するだけの文章」があります。「こういう点が優れています」と長所を並べるだけの文章では、押しつけがましさが先行し、読み手も辟易します。長所自慢だけで終わらせては、よい印象を与えません

し、キミのよさを伝えることも難しいのです。キミの長所がいかに役立つのか、K（経緯）で挙げた体験を振り返りながら、まとめてみましょう。長所が今後、活かせることを述べ「自分はかけがえのない重要な存在である」ということを読み手に伝えましょう。

【将来の抱負を述べる】

　自己PR文の目的は、キミのよさを伝えることだけではありません。
　ここで、採点者である大学教員の視点に立って考えてみましょう。大学教員は「求める人材像」にあった人物か否かを、自己PR文を読んで判断しようとします。しかしながら、長所の説明だけではその判断ができません。したがって、キミの長所がいかに大学側に有益なものであるのかを、自己PR文の中で

表現しなければなりません。いかに自分が大学側の求める人材像とマッチしているのかを述べるのです。
　そのために、キミの長所が大学での学びの中でどのように活かせるのか、説明しましょう。キミの長所を売り込みつつ、大学で積極的に学ぼうとしている姿をアピールするのが、カンザキ流の自己PR文の書き方です。

- 長所の活かし方を述べ、キミが有用な人物だと伝えよう。
- 長所を大学での学びで活かしたいと述べ、大学側が求める人材像と合っていることを表現しよう。

「共感」をよぶアピール TKIのルール

T（自分の長所）を率直に述べる

> **ポイント**
> ① 長所を表現する言葉を吟味しよう。
> ② 志望校に適した長所を選ぼう。

長所を表現する言葉を選ぼう

　時折、「私の長所は明るいところだ」「誰とでも仲よくなれるところだ」という長所を挙げる受験生がいます。これは、誰でも言いそうで、幼さを感じる表現でもあります。また、後者に至っては「『誰とでも』というのは本当なのか。人は好き嫌いがあるものだし、誰しも苦手な人間はいるはずだ」という反論すら考えられます。いずれも、長所を表現する言葉の選び方がうまくなかったといえます。長所を上手に示すためには、表現を慎重に選びましょう。できれば、「明るい」「仲よくなれる」といった、すぐに思いつくような表現は避けたいところです。前者であれば、「私の長所は積極的なところである」「チャレンジ精神が旺盛な点が長所である」、後者であれば「私の長所は協調性のあるところだ」「社交性に富んでいるところが私の自慢である」などと表現してみましょう。

長所を示すのが苦手な場合は「努力している自分」を表そう

　長所を露骨に表現することが苦手ならば、長所を身につけるために努力してきた自分をアピールしてみるとよいでしょう。「明るい」は「積極的に物事に取り組もうとしている」、「仲よくなれる」は「私は社交的に人に接しようと努力してきた」などと表現してみましょう。

求める人材像に合わせた長所をアピールしよう

　すべての長所が必ずしも志望校に認められるわけではありません。それは大学側に入学者の受け入れ方針があるからです。あくまでも自己PR文は入学試験の選考材料ですから、「受け入れ方針に合う人物かどうか」という視点で審査が行われます。したがって、志望校の受け入れ方針に合う長所を吟味することが大切です。キミの長所が研究活動の中でどのように役立ち、どういう利益をもたらすのか、いくつか挙げた長所の中から、志望校の募集要項やパンフレットの「求める人材像」「アドミッション・ポリシー」に合いそうなものを選びましょう。長所が、志望校での学びに活かせることをアピールするのです。

「自分の長所」を具体的に述べよう

例1

Before
何にでも興味を持てることが私の長所である。

→「何にでも」と述べていますが、人によって興味・関心を持つところは異なりますので、この記述は信憑性を欠いています。また、「興味が持てること」という表現も幼さが見えます。「興味を持つ」といえども、変化を見抜く目を持っているのか、新たなおもしろさを見出す力を持つのか、色々なことにチャレンジしたくなる気質なのか、捉え方によって表現は変わります。「興味を持つ」以外の言葉を用いて、表現してみましょう。

After
私の長所は、変化を見抜く目を持っているところである。

例2

Before
部活動を通して観察力を養ってきた私をアピールしたい。人を観察することは興味深いものだ。表情から人の心情がわかるところがおもしろい。

→長所を直接的にアピールしていませんが、長所は伝わります。しかし、その長所が大学側が求める人物像に合っているかどうか具体的に示されておらず、アピール不足である印象を受けます。キミの長所と求める人材像が結びつくことを、文章の中で表現したいところです。

After
部活動を通して観察力を養ってきた私をアピールしたい。この能力は、作品を形作った英米文化を理解する時に役立つ。登場人物の発言や情景描写には、英米文学の社会的背景や著者の心理を読み解く手がかりが潜んでいる。つまり、私が培ってきた観察力をもとに、英米文学の探求ができるのである。

> 「共感」をよぶアピール
> TKIのルール

K（長所を得た経緯）を説明する

> **ポイント**
> ① 体験を分析する時、問題発見・原因分析・問題解決のプロセスを踏もう。
> ② 長所に関係ない記述は省こう。

🌸 具体的に述べよう

　「私は部員たちを元気づけるために、明るく振る舞った。そうしたら、場の空気が明るくなった」などと、表面的な文章を書く受験生がいます。この状態は、「具体的にどう振る舞ったのか」「そう振る舞う目的は何なのか」「明るく振る舞うだけで、なぜ場の空気が変わるのか」のような反論が考えられます。つまり、この文章を読む限り、書き手が物事を深く考えることなく、表面的に物事を捉える人物であると見えてしまうのです。

　大学は研究機関であり、事象を深く考察する力が求められます。そうした能力を持っていることをアピールするため、「なぜ？」「どうして？」などと、自分の体験にツッコミを入れながら、具体的な説明をするように心がけましょう。

🌸 問題発見・原因分析・問題解決のプロセスを踏もう

　T（長所）を活用しようとする場面では、自分では気がつかないうちに問題点を見抜き、様々な工夫や努力を重ねて、課題を解決しているものです。

　まずは、体験をじっくり振り返り、どういう問題・課題に直面し（**問題発見**）、問題の原因はどういうもので（**原因分析**）、どういう工夫や努力を経てその課題を解決したのか（**問題解決**）を探ります。前向きで向上心があるキミを、ここでアピールしましょう。

🌸 長所の説明に関係しない記述を省こう

　説明をする時、思いついたことをそのまま文章に連ねてしまい、T（長所）と関連しない話を盛り込んでしまいがちです。特に体験の説明をする際、無駄に実績自慢をしたり、「こうなったのも、先生や先輩方のおかげです」などと、自分ではなく他者のアピールをしてしまう受験生がいます。そうならないように、長所の説明以外の記述を極力省き、無駄のない文章を目指しましょう。

「長所を得た経緯」を具体的に述べよう

例1

Before
私の長所は向上心があるところだ。私は、勝利を得るために大切なことを部員に語った。そうしたら、皆が一生懸命に頑張るようになった。

→ 部員に語った結果、皆が頑張ったという話しか見えず、その言葉をきっかけに頑張ったのか、たまたまそうなったのかが判断できません。たとえば、試合で惨敗したのは何が原因で、何を部員に語り、働きかけ、どのような結果を導いたのか、より具体的に説明をする必要があります。

After
私の長所は向上心があるところだ。ある日、私のクラブは対外試合で惨敗した。私はその時、「失敗した原因がわかれば、それを正せば成長する。一緒に頑張ろう」と声をかけ、反省をしたことを正すことが勝利への第一歩であると部員に訴えた。すると、どうすれば改善できるのか、皆が少しずつ意見を述べ始めた。そして、最後には活発な議論となり、それが次の試合の勝利につながった。

例2

Before
私の長所は問題解決力があるところだ。先日、募金活動に参加した。夏の暑い日であった。まずは、募金の目標金額を決める。そして、街のあらゆるところに散らばり、活動を始めた。私は「涼しいところへ行きたい」と思いながら、灼熱の太陽の下で声を枯らして募金の大切さを訴えかけた。

→ 問題解決力をアピールすべきなのに、募金活動の描写に過ぎない記述が続きます。アピールしたい長所に関連する記述に絞って論じましょう。

After
私の長所は問題解決力があるところだ。先日、募金活動に参加したが、このところ募金額が低迷しつつあった。それは、活動の重要性が伝わらなかったのが原因だと考えた。そこで、活動をまとめたリーフレットを用意し、帰宅後でも募金が振り込めるように振込先も明記した。そうしたところ、募金額が倍増した。

> 「共感」をよぶアピール
> TKIのルール

I（長所の活かし方）を示す

> **ポイント**
> ① 長所が自己の成長に役立っていることを説明し、社会にも役立つことを述べよう。
> ② 入学後、長所をどう活かしたいのか、抱負を述べよう。

🌸 キミの成長にどう活かせたのか

　長所の活かし方を説明する時のポイントは、キミの長所が、自身の成長にどのように役立ったのかをしっかりと述べることです。学校行事の成功や大会の成績を挙げるだけでなく、キミの考え方や価値観、行動がどう変化したのか、自分自身の成長に主眼を置いて説明してみるとよいでしょう。

🌸 他者や社会に役立つ長所だと説明する

　キミの長所は、自分だけでなく他者や社会にもよい影響を与えているものです。長所を活かして自分の成長を促したり、他者の意識を変えたりしています。そして、その長所は社会をよりよくするために役立つものになるはずです。キミの長所の重要性を上手に伝えるために、自分だけでなく、他者や社会へどのようなメリットをもたらすのかをしっかりと述べてみましょう。

🌸 将来の成長にどう活かしたいのか、抱負を述べる

　大学側は、受験生が入学後どれだけ成長し、頑張れるのか、という点が気になるわけです。自己PR文では、その期待に応える人物であることを表現したいところです。
　そのためには、まず「大学で長所を活用して、勉学に励みたい」という意図を伝えます。そして、志望校のパンフレット・カリキュラムなどの情報を参考にし、学びたいことを具体的にするのです。「○○論（学）」といった学問領域や、ゼミナール・研究室の名称を挙げるだけでなく、その中でどう学びたいのか、その目的は何か、といったところまで掘り下げましょう。その学びの中で、どのように長所が活かせそうか、考えてみましょう。
　そして「社会人になっても長所を活用して、活躍したい」という旨を説明します。将来就きたい職業と絡めたり、理想の人物像に照らし合わせたりしましょう。志望学部・学科に関連する職業や、キミが就きたい職業について、調べ学習を進めるとよいでしょう。

「長所の活かし方」を具体的に述べよう

例1

Before

私の長所は誠実さである。その性格のおかげで、全国学生書写書道展の文部科学大臣賞をはじめ、様々な書道展で優秀な成績を収めることができた。

→ 実績だけを述べると、自己自慢をしたがる性格であるかのように見えてしまいます。実績を挙げるだけでなく、自分の長所がキミ自身をどのように精神的に成長させたのか説明すると、印象のよい文章となります。

After

私の長所は誠実さである。書道を通して、自分の至らぬところと真正面から向き合えるように成長した。先生や仲間からの指摘は、すべて私への励ましだと捉えた。全国学生書写書道展の文部科学大臣賞をはじめとした、様々な書道展で得た優秀な成績は、その結果である。

例2

Before

私の長所は粘り強さと実行力である。粘り強く努力すれば、成果はついてくることを学んだ。また、困難に立ち向かう力も得ることができた。今後も自分自身を成長させるために努力したい。

→ 長所を自己の成長に活かし、これからも役立てたいという趣旨は伝わります。もっとよくするために、この長所を他者や社会にどのように役立てたいのか、説明してみるとよいでしょう。

After

私の長所は粘り強さと実行力である。粘り強く努力すれば、成果はついてくることを学んだ。また、困難に立ち向かう力も得ることができた。こうした力は、大きな課題であればあるほど必要となる。私は政策の立案に携わる仕事に就きたいと考えているが、社会問題に真正面から向き合い、その原因追究や解決に向けての行動を続けるためには、粘り強さと実行力が重要である。今後は自分自身を成長させるためだけでなく、市民一人ひとりの生活を守るために日々努力を続けていきたい。

Before→Afterで学ぶ「共感」の技法

　自己推薦書は自分を志望校に推薦する文章ですから、いかに志望校の学生としてふさわしいのかを表現すればよいのです。実質的に**自己PR文を書く**ことが求められていると考えて差し支えありません。**TKI**の法則をもとに、長所を持った自分を存分にアピールしましょう。

　大学によっては、自己推薦書の中で「志望理由書」「自己PR文」を併記するよう求められることがあります。「高校時代に力を入れたことを記しなさい」「部活動や課外活動の実績をもとに論じなさい」などという指示がある場合はそれにしたがって論じ、特に大学側の指示がなければ自己PRと志望理由をそのまま記します。

　また、自己PR文に設けられているスペースは様々なので、調整が必要です。字数制限の多い少ないに関わらず、「私にはこういう**T**(長所)がある。それはこういう**K**(経緯)があったからだ。よって志望校での学びに**I**(活かし方)のようにつなげたい」と、**TKI**の順序を保って文章を記しましょう。

　自己PR文回答例⑤、⑥は、「自己推薦書」と「志望理由書＋自己PR文」の例を示しています。ぜひ参考にしてください。

≫ このパートの構成 ≪

自己PR文回答例
Before→Afterで比較できます。先輩方がどう視点を変え、内容を掘り下げたのか、注目して読んでみましょう。

カンザキのアドバイス
多くの受験生の自己PR文・自己推薦書と接してきた著者が、よくあるミスを、その修正方法とともに解説しています。

学問とのつながりの例
キミの長所が、どのような学問とつながるのか、さらにその学問で自己PR文を書く時に参考となる表現の例も挙げています。

体験・ポジションとアピールすべき長所
体験やこれまでのポジションによって、アピールポイントは変わってきます。**K**(経緯)を振り返り、どのように**I**(活かし方)に結びつけられるか参考にしてください。

推薦図書の紹介
アピールポイントに関連のある書籍を挙げています。**I**(活かし方)をより深める手がかりとしてください。

書式別「共感」のパターン

大学側が指定している書式によって、進め方が異なります。
パターンに合わせて下記のポイントを参考にしてください。

自己推薦書
1. 志望校の学生としてふさわしい自分をアピールする。
2. 求める学生像に合った長所を選ぶ。

あらゆる大学の「求める学生像」「アドミッション・ポリシー」を分析すると、「志望学部に強い興味・関心を持つ学生」「入学後、自主性を持って学習・研究活動に取り組む学生」「大学での学習・研究成果を社会貢献に活かそうという意志を持つ学生」の3つに集約できます。これらが満たせる受験生だと判断されれば、評価されるでしょう。したがって、キミの**T**（長所）や**K**（経緯）説明のための体験の中から、「求める学生像」「アドミッション・ポリシー」に合ったものを選ばなければなりません。

自己PR・志望理由　併記型
1. 自己PRと志望理由をそのまま記す。
2. 大学側の指示がある場合はしたがう。
3. 自己PRと志望理由を連動させる。

大学側は自己PRと志望理由を意図的に併記させるわけですから、両者を関連づけて述べることが暗に求められていると捉えましょう。キミの長所や実績を振り返って、志望校や学部・学科を選択するきっかけを探り、自己PRと志望理由を連動させることを意識してストーリーを築きましょう。

ボリュームの調整が必要な自己PR文
1. **TKI**の順序を守って、簡潔にまとめる。
2. 記入欄のボリュームを把握する。

字数の多少に関わらず、**TKI**の法則を崩さないように心がけましょう。その時、ポイントになるのが字数調整の方法です。まずは記入欄の文字数を把握しましょう。罫線や枠だけの記入欄の場合、1行あたり35〜40字程度だと考えて、どれくらいの字数が必要なのか、おおよそのボリューム感をつかみます。その上で、文章構成を考えます。一文の字数の目安はおおよそ50字ですので、**T・K・I**のそれぞれに一文を与えた場合は150字程度になります。それよりも必要な字数が多ければ、**K**（経緯）・**I**（活かし方）の字数を優先的に増やして内容を充実させましょう。

部活動

ポイント 活動を報告するだけの文にならないように注意しよう。

Before

　私の長所は、何事も前向きに考えられるところだ。それは、後ろ向きな話でも視点を切り替えれば前向きなものに見え、問題解決につながることを知ったからである。

　部活動で起こった問題に向き合った時、自分には今何ができるのか、問題解決の末にはよいものができるのか、考えてきた。私は演劇部で部長をしていた時、発表に向けて台本を読んだり立ち稽古をしたりする間など、部長が一番しっかりとしなければいけないと思っていた。皆をまとめることがこれほど大変なのかと思ったこともあったが、信頼を築き上げることで困難を乗り越えてきた。おかげで県高等学校演劇発表大会において最優秀賞を受賞し、全国大会へ進出した。また、放送委員をやっていた時も、学校行事などでの放送設備の準備やセッティング、スポットライトの操作、実況放送をしてきた。様々な問題が起こったが、持ち前のリーダーシップを発揮して壁を乗り越えることができた。そして、長所を活かすため生徒会長に立候補し、トップ当選を果たした。このように、長所が活かせる活動に積極的に取り組んできた。生徒会長は全校生徒の前で話す機会が多いが、全員に伝わるように、放送委員で鍛えたアナウンス技術を駆使した。また、会議では皆が納得するように意見をまとめた。時には話し合いに参加してくれない者もいたが、どうすれば話し合いに参加してくれるかを考え、まずは声掛けから始めた。そうすると、皆が参加してくれるようになった。

　前向きに考える時は、スケジュールを立てて効率よく物事を進めることが大切だ。闇雲に取り組んでも、成果が出なかっただろうと思う。計画性を持って取り組むことは、他の人がついてくる方法でもある。今まで、思い切って行動する大切さを学び、多くの人々の賛同を得てきた。日々の行動をより改善するため、長所がもっと活かせるように、活躍の場を広げていきたい。

問題点

✗ 長所に反論の余地がある。
…T（長所）の不確かさ

「『何事も』前向きに考えられる」と述べていますが、「何事も」といえる根拠が不明確で、信憑性を欠いています。

✗ 長所を身につけた経緯が伝わらない。
…K（経緯）の不明確さ

部活動・放送委員・生徒会長の仕事で頑張ったことは伝わりますが、なぜ前向きに考えられるようになったのかわかりません。

✗ 今後の活かし方が伝わらない。
…I（活かし方）の不明確さ

大学進学後、社会人になった時、どのように長所を活かしたいのか、読み手には伝わりません。

改善点

- 長所に反論の余地が残らないように述べる。
- 長所を得た経緯を述べる。
- 今後、長所をどのように活かしていきたいのかを述べる。

After

　問題を自ら意識させる組織をつくるためには、そのモデルとなる考えをリーダーが示し、その成果を目で見えるように工夫しなければならない。私は演劇部の部長として、**チームのメンバーの自主性を育む努力をしてきた**[1]ことをアピールしたい。

　私が部長になる前年までは、主役を演じる人が部長となり、カリスマ性をもとに部を取りまとめていた。しかし、私は音響の担当であり、カリスマ的リーダーシップを取ることは困難だった。私が部長を務め始めた当初は、積極的に発言する人が主導権を握ることが多く、部内の勢力が対立する原因にもなっていた。これらは部員のモチベーションの低下にもつながり、部内の人間関係も良好とはいえなかった。そこで私はリーダーシップのあり方について、再考することにした。

　まずは、**目標を明確にする**[2]ことから始めた。我が部では全国大会進出が至上命題であり、最高の作品をつくり上げる環境を整えることを最優先すべきだと部員に伝えた。その上で、**部門のリーダーと話し合いをして達成すべき課題を決め、そのチェックをする仕組みをつくった**[2]。さらに、私は**1週間の間にすべての部員と会話することを習慣とした**[2]。些細な話から部員の不満や要望を見つけ、すぐに達成課題に盛り込んだ。最初、部員は戸惑っていたが、目標達成の成果が見え始めると、積極的に改善案を述べる人が増えた。また、私に直接話をしてくれる人も出てきた。全国高等学校演劇発表大会へ進出できたのも、**こうした取り組みが役立ったからだと考えている**[2]。

　部長の経験を通して、リーダーが目標達成のための手本を示すことが大切であることを学んだ。私は大学に入学し、マネジメントについての研究をしたいと考えているが、この経験は貴重なものであったと考えている。**組織が成果を生み出すための方法をリーダーシップという視点から捉え、よりよい組織のあり方を考えられる**[3]人材になれるよう、これからも成長してきたい。

---

[1] アピールしたいポイントが明確である。…T（長所）の明確さ
チームのメンバーの自主性を育む力があることをアピールしたいということが伝わります。

[2] 工夫や努力をした経緯が説明できている。…K（経緯）の明確さ
部内の問題を探り、リーダーシップのあり方を変えることで解決したという道筋がよくわかります。

[3] 長所をどう活かしたいのかを述べている。…I（活かし方）の明確さ
自主性を育む力を、大学での研究に活かしたいという意志が明確に示せています。

カンザキのアドバイス

　部活動の体験は、自己PR文の素材として最も使いやすいものです。多くの受験生は、アピールすべき点として積極性や自主性を挙げ、部長・リーダー経験や部活動に没頭した例を挙げてきます。ただ、「好きなことには集中力を持って取り組める」というT(長所)のまとめ方にすると、「好きなことでなければ避けるのか。学問とはそういうものではない」という反論が考えられます。現状を改善する姿勢や、向上心を持って取り組んだことに焦点を当てて論じるとよいでしょう。

　また、部活動の話を述べる時には、エッセイや感想文のようになりがちです。特にその傾向がK(経緯)の説明の時に起こります。事細かに状況を説明するのはよいのですが、それだけでは自己PRと関係ない無駄な記述が増え、T(長所)の説明を欠いてしまいます。これは構成の検討をせずに、勢いよく書き進めるタイプの人に起こりがちです。T(長所)を得たK(経緯)を**問題発見→原因分析→問題解決**という流れで整理した上で、その筋道を崩さないように説明しましょう。

　また、K(経緯)の考察が浅いまま論じる人もいます。回答例Beforeのように「部長が一番しっかりとしなければいけない」という話で終わってしまうのは論外です。どういう課題が部内にあり(**問題発見**)、原因はどういうもので(**原因分析**)、どういう行動を起こして解決したのか(**問題解決**)、といったことをじっくりと見据えましょう。もしそこまでの行動が取れていないのであれば、今から取り組めばよいのです。大学側は、その自己PR文の内容を見てキミの姿を読み取ろうとしているということを理解しておきましょう。

学問とのつながりの例

専攻する学問の内容がわかると、自分の長所が研究の中で具体的にどう活かせるのかがわかります。ここでは、問題解決能力や忍耐強さを例に挙げていますが、丁寧に両者をつなげれば、うまく文章として成立します。

長所	学問	表現例
問題解決能力	政治学	社会問題を解決する仕組みを考察するのが政治学の役割である。これまで養ってきた問題解決能力をもとに、政治的な問題を探っていきたい。
思いやり	幼児教育学	社会の中で互いを尊重し、相手に対する思いやりを持って生きていくことは重要だ。私は思いやりの大切さを、教育を通して伝えていきたい。
忍耐強さ	考古学	考古学では時間をかけて遺跡や遺物を分析する忍耐強さが必要だ。部活動で養った忍耐強さを、考古学研究の場でも役立たせていきたい。

体験・ポジションとアピールすべき長所

部活動におけるポジションによって、アピールすべきポイントは異なります。部長やリーダーならばリーダーシップ、プレイヤーであればまじめさや気配りといった長所が考えられます。

体験・ポジション	アピールすべき長所
部長・リーダー	積極性、チャレンジ精神、向上心、リーダーシップ、実行力
後輩の世話・指導	面倒見のよさ
つらい練習	忍耐強さ、粘り強さ、勤勉さ
作品制作	創造性、独創性、思考の柔軟性、発想力、説得力、表現力
部員との調和	気配り、思いやり、協調性、気が利く、チームワーク、対話能力
活動への真摯な取り組み	まじめ、誠実、几帳面、冷静、探究心、観察力
部内での問題発見・解決	問題解決力、理解力、論理的思考力、迅速性、主体性、自主性

推薦図書の紹介

ここでは、部活動の体験によって成長した学生の姿を描いた書籍を紹介します。些細な経験や気づきが、キミを成長させてくれています。主人公たちがどのように課題に立ち向かったのかを読み取り、キミの体験の意義を探るヒントとしてください。

『もし高校野球の女子マネージャーがドラッカーの『マネジメント』を読んだら』岩崎夏海　(ダイヤモンド社)

一大ブームを巻き起こした「もしドラ」。誰もが聞いたことはあるだろう。この本は、敏腕マネージャーと野球部の仲間たちが甲子園を目指して奮闘する青春小説だ。女の子が"マネージャー"の仕事を知るために"マネジメント"の本を間違って買うところから始まるストーリー。岩崎氏は小説家、放送作家。著書に『小説の読み方の教科書』(潮出版社)などがある。

『楽隊のうさぎ』中沢けい　(新潮文庫)

「学校にいる時間をなるべく短くしたい」と思っている引っ込み思案の中学生の男子が主人公。ブラスバンド部に入部することになり、先輩・友人・教師とともに全国大会を目指すようになる。主人公が戸惑いを見せながらも、徐々に音楽にのめり込んでいく姿を描いている。この本の一文は、2010年のセンター試験にも取り上げられた。中沢氏は小説家。ほかに『うさぎとトランペット』(新潮文庫)、『大人になるヒント』(メディアパル)など多数の作品がある。

『高校生レストラン、本日も満席。』村林新吾　(伊勢新聞社)

三重県にある、全国唯一の高校生が運営するレストラン「まごの店」。ここは調理クラブの生徒たちが、調理だけでなく接客・販売・経理までも行っている。オープン当初の厨房はパニック状態だったが、一歩ずつ着実に力をつけ、満席の大繁盛店となった。この本では、そこにたどり着くまでの、教師と生徒の心の成長が描かれている。村林氏は、三重県相可高等学校食物調理科の教諭。調理クラブの顧問も務める。

学校生活

自己PR文 ② 回答例

ポイント 学校生活の説明と、その感想を述べるだけでは終わらせない。

Before

　私の長所は、真面目なところである。役割を与えられれば、それをこなすことはとても得意だ。

　私は高校１年生の時、文化祭実行委員の会計係をした。そして２年生でも実行委員になり、イベント係になった。我が校では委員になれるのは２年生までなので、私はイベント係の最上級生で委員長となった。その年の文化祭開会式では、イベント係でダンスを披露することになったので、文化祭に向けてメンバーで日々の練習に取り組んだ。私は、イベント係ははじめての経験だったので、不安がいっぱいだった。皆で練習することになったが、指導者がおらず、練習内容の決定は私の仕事となった。限られた時間の中で、より効率的な練習を考えることが私の課題だった。同じ練習ばかりでは力がつかないと思ったので、本や雑誌などを参考にし、様々な練習に取り組んだ。そして、委員長である私が自分自身に厳しくした。仲間に厳しく言うのは簡単だが、それでは誰もついてこない。私が厳しく練習に取り組むから、他の仲間がついてくると考えたからだ。皆が生き生きと楽しそうに練習する姿を見ると、救われる思いがした。その結果、仲間が練習に積極的に取り組むようになり、開会式当日はミスがなかった。この成功は、仲間がしっかりとついてきてくれたからにほかならない。私の努力だけでは成し得なかったと思う。仲間のおかげだと、今でも感謝している。

　私は社会福祉士になりたいと思っている。自分に厳しくするということは、仕事をする上でとても大切なことだと思う。なぜなら、社会的弱者は自立しなければならないからだ。自立しなければ生活の質は保てないし、本人のためにならない。そして、自立できるようにしていくためには、問題を探って解決する力も必要だ。私はこの３年間で、真面目に取り組む能力を身につけた。将来、私が社会福祉士として人々を支援する時、一人ひとりのやる気を引き出し、パフォーマンス向上につなげていきたいと思う。生きることが楽しいと言ってもらえるように、一生懸命頑張りたい。

問題点

✗ 独自性のある長所とはいい難い。…T（長所）の不確かさ

「真面目なところ」という長所は独自性を感じません。また、「役割を与えられれば」という表現は受動的な印象を与えます。

✗ 長所の説明とは関連性が薄い記述がある。…K（経緯）の不明確さ

真面目さをアピールする事例説明から話が逸れ、仲間を褒める文章になっています。

✗ 長所と関係のない記述に終始している。…I（活かし方）の不明確さ

真面目さをどう活かそうとしているのか、という内容で記されていません。

改善点

● 独自性のある長所を探す。
● 長所を身につけた経緯に限定して説明する。
● 長所をどう活かしたいと考えているのかをまとめる。

After

　私は文化祭実行委員のイベント係を担当し、開会式の時にイベント係のメンバーが踊るタップダンスの指導をした。その経験から、一人ひとりと向き合う粘り強さを身につけた[1]と自負している。その点をアピールしたい。
　私がタップダンスの指導者になったのは、経験者が私だけだったからだ。メンバーは誰ひとりダンスを本格的に経験したことがなく、指導は困難を極めた。原因は、大人数で練習を行っていることで、メンバーの状況が把握できないことにあった。[2]私はこの状況を打開するために、メンバーの都合のよい日程に合わせて、私から指導に行くという方法に変えた。[2]メンバーには朝、昼休み、放課後、休日のいずれでも構わないから、練習できる日程を教えてほしいと伝え、つき添うことにしたのだ。この方法を始めてから、メンバーのステップのレベルが確実に上がっていった。それは個人の進捗度合や能力を細かにチェックできたからだ。ダンスが苦手な人には私がつきっきりでステップを教え、それでも思うように上達できない人は、危機意識から私との練習を増やそうとしてくれた。メンバーは、その繰り返しを経て技術を身につけていったのだと考える。最終的には、全員がソフトシューやターンといった標準的なステップを踏めるようになった。私はこの経験を通して、個人の能力を高めるために時間をかけて相手と向き合い、対処法をともに考える姿勢を身につけることができた[2]と思っている。
　私は社会福祉学を専攻して、高齢者福祉のあり方を研究していきたいと考えている。大学でこの研究を進める上では、高齢者に最適な福祉を考えることが欠かせない。文化祭実行委員での経験は、まさにそうした場で活かせるものであると考える。高齢者福祉は、状況・ニーズなど個々で異なるゆえに、高齢者が求める福祉を追求するには、時間をかけて相手を理解する粘り強さが必要だ。将来は、一人ひとりの幸せを創造する担い手として、高齢者福祉の分野で活躍していきたい。[3]

---

[1] 長所を明確に示して、アピールしている。…**T（長所）の明確さ**
一人ひとりと粘り強く向き合う力を身につけたことが、しっかりと伝わります。

[2] 長所を身につけた経緯を説明している。…**K（経緯）の明確さ**
大人数では技術が身につかないという失敗経験をもとに、長所を得た流れが伝わります。

[3] 長所を将来どう活かしたいのか、説明できている。…**I（活かし方）の明確さ**
将来の進路と結びつけて、長所の活かし方をしっかりと述べて、締めくくっています。

カンザキのアドバイス

　自己PR文は、文化祭・体育祭・委員会活動・修学旅行など、学校行事を素材にすることもできます。これらを選んだ場合、与えられた役割（係など）を果たした経験をもとに、長所を論じる人が多いようです。その時、役割についての説明が延々と続いたり、その経験をした時の感情や感想を熱く語りすぎたりと、必要のない記述が多くなりがちです。原因は、話の構成を組み立てる前に文章に取り掛かることにあります。**そのT（長所）を身につけたK（経緯）を整理してから、具体例を書く習慣を身につけま**しょう。

　また、表面的な記述が続くことも多々あります。たとえば、海外の修学旅行を素材とした時に「現地の人々との交流ができなかったのは、英語がわからなかったからだ。悔しかったので、英会話を勉強した」という記述は、感覚的には話がきれいに流れている印象であっても、深みがある文章とはいえません。そうなるのは、個々の事象に対して深い掘り下げを行っていないからです。「英会話以外の交流手段はなかったのか」「なぜ悔しいと思ったのか。ほかの感情は芽生えなかったのか」「なぜほかの手段ではなく、英会話を勉強するという選択をしたのか」など、当時の自分を振り返って掘り下げてみると、キミの新たな一面が見えてくるかもしれません。

　ほかに、回答例Beforeのように「私の長所は真面目なところである」や、また「△△という出来事は自分の強みになった」など、ステレオタイプ的な表現を用いる人がいます。他者と差をつけたいのであれば、**オリジナルの言葉で自らの長所を表現できるよう、普段から言葉を吟味する癖をつけて**おきましょう。

学問とのつながりの例

自分の長所を学問にどのように活かすのか、という視点で表現例を記しています。協調性・観察力・探求心という長所は、どの学問探求にも通用するオールラウンドなものだといえます。

長所	学問	表現例
協調性	法律学	法律は、社会で人々と共存し、共生するためにあるものだ。そして、利害関係を調整する前提として、お互いに協調しようとする姿勢が欠かせない。協調というバランス感覚をこれからも磨き、法律の運用や立案についての研究に役立てていきたい。
観察力	心理学	心理学研究を進めるためには、人の表情や言葉を観察する力が欠かせない。私は観察力をこれからも養い、人々の深層心理の理解に努めていきたい。
探求心	芸術学	芸術学は美を探求するためにあるものだ。私は今まで養ってきた探求心に磨きをかけ、それを目に映るものの裏側に潜む作者の心理や時代背景の理解や、作品に込められた思想の研究に役立たせていきたい。

体験・ポジションとアピールすべき長所

学校行事を素材にする時、リーダーとして活躍する人は積極性や実行力、メンバーであれば誠実さや独創性など、役割によってアピールすべきポイントが変わります。また、チームではなく、個人での経験であっても、観察力や探求心をアピールすることができます。

体験・ポジション	アピールすべき長所
文化祭・体育祭・委員会などのリーダー	積極性、チャレンジ精神、向上心、リーダーシップ、実行力
メンバーの世話・指導	面倒見のよさ
継続的な活動	忍耐強さ、粘り強さ、勤勉さ
作品制作、調べ学習、企画のプレゼンテーション	創造性、独創性、思考の柔軟性、発想力、説得力
メンバーとの調和	気配り、思いやり、協調性、気が利く、チームワーク、対話能力
活動への真摯な取り組み	まじめ、誠実、几帳面、冷静、探究心、観察力
新たな経験や発見	観察力、新たな価値観の創出、問題の原因追究、探求心
チームでの問題発見・解決	問題解決力、理解力、論理的思考力、迅速性、主体性、自主性

推薦図書の紹介

ここで紹介する書籍を読むと、何気ない学校生活においても、人が成長するポイントが数多くあることに気づくでしょう。高校生活を振り返ると、キミが変わったきっかけとなる出来事や影響を受けた言葉などがあるはずです。

『掃除道 会社が変わる・学校が変わる・社会が変わる』鍵山秀三郎 (PHP研究所)

いったい掃除にはどのような秘密があるのだろうか。この本は、誰もができる掃除の、驚くべき力を紹介している。企業や病院の話もあるが、高校生に関連する「体育祭が復活して退学者が激減した広島県安西高校」の話は、身近に感じるのではないか。掃除をきっかけに、荒廃する前の状態に蘇っていく驚きのプロセスは興味深いものとなるだろう。鍵山氏はイエローハットの創業者である。その他、『あとからくる君たちへ伝えたいこと』(致知出版社)などの著書がある。

『伝説の灘校教師が教える 一生役立つ学ぶ力』橋本武 (日本実業出版社)

日々の授業や学びで大切なことが綴られている1冊。橋本氏は、中勘助の『銀の匙』を3年間かけて読み進める授業を行い、灘高校を私学初の東大合格者日本一に導いた人物として知られている。「学ぶことは遊ぶこと、遊ぶことは学ぶこと」と語っていた(2012年没)。『日本人に遺したい国語―101歳最後の授業』(幻冬舎)、『橋本式国語勉強法』(岩波ジュニア新書)など著書多数。

『時に海を見よ―これからの日本を生きる君に贈る』渡辺憲司 (双葉社)

2011年、東日本大震災の後、立教新座高校卒業式が中止となった。当時、学校のホームページに掲載された、卒業生へ向けた校長のメッセージが大きな反響をよんだ。その校長が、新たにこれからの日本を生きる若者たちへ贈る言葉を綴った本である。「3.11」後の日本で、前に向かって生きるための言葉がちりばめられている。渡辺氏は、立教新座中学・高等学校校長(2014年現在)でありながら、近世文学研究者でもある。その他、『江戸文化とサブカルチャー』(至文堂)などの著書がある。

課外活動

自己PR文 回答例 3

ポイント 経験の中で起こった課題を整理し、改善した姿をアピールしよう。

Before

　私は、幼い頃から年に1回、海外へ出かけ、サマーキャンプツアーに参加している。これまで、アメリカやニュージーランド、カナダなど、キャンプで10か国を訪れた。海外へ行って会話をするのは、苦痛ではない。むしろ楽しい。私は、その経験で得たことをアピールしたい。

　私が参加した最初の年は、知っている人がいないこともあり不安だったが、スタッフの人や外国人の先生がいたおかげで、話も盛り上がり、最後は楽しかったことを覚えている。その年のキャンプで多くの友達ができたことは、私にとって大きな収穫となった。今年参加したキャンプでは、初日からスタッフや参加者と仲よくなることができた。なぜなら、幼い頃からキャンプに参加している私は、自分から話しかけ、人とコミュニケーションを取ることに抵抗を感じなくなったからだ。今回のキャンプも、文化・言葉・年齢・生きてきた環境など違う人たちと一緒に生活をしたが、キャンプが終わる頃には打ち解け、別れることが悲しくなるほど仲よくなれた。また、現地の人とも仲よくなれた。時には魚が取れる場所や竹でつくる水筒の作り方を教わったり、クラフト体験をしたり、一緒にスポーツをしたりして、その度に地域のよさや人々のやさしさに触れることができた。こうした海外の人々と触れ合うことは、チャレンジしないとできない。相手と言葉が通じないということを不安に思っていては、いつまでも話すことができない。「一生懸命やれば、何とかなる」と思って相手にぶつかっていけば、必ず受け止めてくれる。そう信じて話せば、いつの間にか話ができるようになると思う。

　私は、これらの経験を大学で活かしていきたい。現地の人々や留学生との交流に活かし、自分の自信につなげていきたい。チャレンジ精神は、これからの人生で最も大切なものだと思う。これらの経験を大学での授業やイベントで活かし、将来は様々な人たちのために役立ちたい。

問題点

✗ **長所をはっきりと示していない。…T(長所)の不確かさ**
経験をアピールするだけでは物足りません。その経験からどういうことを長所として得たのか、表現しましょう。

✗ **長所を得た経緯を説明できていない。…K(経緯)の不明確さ**
チャレンジするために話しかけた、という流れだけでは深い思考の末の文章とはいえません。

✗ **長所の活かし方に工夫がほしい。…I(活かし方)の不明確さ**
チャレンジ精神を大学の学びでどう活かしていきたいのか、もう少し具体的に示してみるとよいでしょう。

改善点

- 自分の長所を明らかにした上で、アピールする。
- チャレンジしようと考えた根拠やその目的を整理する。
- 長所を大学の学びでどう活かすのかを考える。

After

　私は、サマーキャンプの参加を通して、これまで10か国を訪れた経験がある。その経験の中で、異なる文化や言語を持つ人々と接する時に必要なことは、相手の懐に飛び込んで理解しようとする意志だと気づいた。そうした異文化理解をしようと努力し続けた[1]私をアピールしたい。

　私がはじめてサマーキャンプに参加した小学校2年生から数えて、今年で10年になる。今回、私が他国の人とのコミュニケーションで最も課題としていたことは、相手の文化を理解することだ。たとえば、挨拶をする時にオーストラリア人は「G'day mate.」と言い、初対面でも接し方がフランクである。そういう場合は、私も親しみを込めた言葉を選ぶようにした。また、公共のマナーも国によって異なる。たとえば、アメリカではウェイターを呼ぶために叫ぶことはマナー違反となるので、アメリカ人と一緒の時はウェイターが来るのを待つようにした。以前はこういうことを知らなかったので、オーストラリア人の発言を無礼だと感じたり、レストランでアメリカ人が嫌な顔をするのを疑問に思ったりしていた。[2]これらの行き違いは、彼らが持つ文化が私たちの文化と異なるために生じるものなのである。そこで、最近ではキャンプに出かける前に、こういう文化を事前に調べることにしている。[2]異文化の地域に足を踏み入れるからには、現地の人々の生活文化を乱さない振る舞いをすべきだと考えたからだ。相手の文化を理解するためには、十分に調べる必要がある。文化を理解した上での振る舞いを相手が見て、はじめて信頼関係が生まれ、深いコミュニケーションを交わすことができるのだ。

　私は、貴学観光学部で諸外国のツーリズムと産業についての研究をしていきたいと考えている。観光産業を振興していくためには、現地の生活文化を理解した上で、人々との協力関係を築くことが大前提である。[3]これまで養ってきた異文化理解への姿勢をさらに磨き、大学での研究に役立たせたいと考えている。

---

[1] 長所を明確に述べている。
…T（長所）の明確さ

異文化理解をしようと努力し続けた点を、長所として述べることができています。

[2] 長所を得た経緯を説明している。
…K（経緯）の明確さ

サマーキャンプでの失敗体験をもとに、異文化理解の必要性に気づき、事前調査をするように心がけているという旨が伝わります。

[3] 大学での学びと結びつけて、長所の活かし方を述べている。
…I（活かし方）の明確さ

観光学部での学びを行うために、異文化理解が必要である旨を述べ、まとめています。

カンザキのアドバイス

　自己PR文で述べる課外活動は多種多様ですが、おおよそ集団活動と個人での活動に分けることができます。それぞれによく見られる典型的なミスがあるので注意しましょう。

　たとえばクラブチームやボーイスカウトの所属といった集団活動を素材にする場合、リーダーなどの役割が与えられることがあり、その経験を書く人がいます。その場合、**K**（経緯）の説明で、役割を果たしたことの達成感を延々と述べてしまいがちです。しかし、大切なのは**経験の中でその時にどういうことを課題として捉え、どう考えて行動を起こしたのか**、その流れを思い起こしながら述べることです。「チームで勝つために、クラブチームのメンバーを励ました」程度の表現では、深みに欠けます。たとえば、チームで勝つために課題となっていたことや、その解決のための具体的な行動（練習内容など）をしっかりと掘り下げながら記し、表面的な文章にならないようにしましょう。

　一方、留学をはじめとした個人での活動の場合は、**K**（経緯）が深みのない話に終始しがちです。たとえば「最初は仲よくなれなかったけれど、最後は仲よくなれた」という趣旨でコミュニケーション能力の高さをアピールしようとしたり、「会話ができなかったけれど、最後にはできるようになった」という理由から、英会話の能力を長所として挙げたりするケースがあります。前者であれば、仲よくなれなかった**原因は何で、どのように改善したのか**を深く考えるべきです。後者であれば、会話での障害は何で、できるようになるまで**どういう工夫や努力を重ねたのか**を説明するのがよいでしょう。

学問とのつながりの例

以下に、実行力と体育学研究、自主性と経済学、気配りと社会福祉学との関連性を表現してみました。一見、学問とつながりにくい長所であっても、表現次第で対応ができるものです。

長所	学問	表現例
実行力	体育学	体育学研究において、効果的なトレーニング方法の開発をしたいと考えている。そして、私が培ってきた実行力をもとに、開発したトレーニングを活用し、チームの能力を高めていきたい。
自主性	経済学	大学での研究活動の前提となるのが自主性である。そして、自主性は好奇心から生まれるものだ。私はマクロ経済学と金融政策を中心に研究していくことを希望している。経済の動向を常日頃から自主的に捉え、研究活動に役立たせたい。
気配り	社会福祉学	社会福祉学は「気配り」の学問である。私は、この「気配り」を通して養った目で、社会的弱者を具体的な方法でどう救うのかを探求していきたい。

体験・ポジションとアピールすべき長所

クラブチームやボーイスカウトといった集団活動の場合はリーダーシップや協調性、留学・個人研究・習い事といった個人活動の場合は探求心や自主性などが、アピールポイントになります。

体験・ポジション	アピールすべき長所
クラブチームなど	積極性、チャレンジ精神、向上心、リーダーシップ、実行力、忍耐強さ、粘り強さ、勤勉さ、気配り、思いやり、協調性、気が利く、チームワーク、対話能力
子ども会、ボーイスカウト、ガールスカウト	積極性、チャレンジ精神、向上心、リーダーシップ、実行力、気配り、思いやり、協調性、気が利く、チームワーク、対話能力
留学	円滑な人間関係、共生社会の構築、積極性、チャレンジ精神、向上心、対話能力
博物館・資料館などでの体験	好奇心、探求心、観察力
個人的な学術調査・研究	好奇心、探求心、観察力、忍耐強さ、粘り強さ、勤勉さ
習い事、お稽古事	積極性、自主性、向上心、好奇心、探求心、観察力、忍耐強さ、粘り強さ、勤勉さ、問題解決力
職業体験、ボランティア活動、インターンシップ	積極性、向上心、実行力、忍耐強さ、粘り強さ、勤勉さ、気配り、思いやり、協調性、気が利く、チームワーク、対話能力

推薦図書の紹介

課外活動では、普段の学校生活では味わうことができない経験を積むことができます。この書籍から、学生が活動の中でどういう影響を受け、成長を遂げたのかを読み取ってください。

📖 『僕たちが見つけた道標: 福島の高校生とボランティア大学生の物語』兵藤智佳　（晶文社）

東日本大震災の後のこと。福島第一原発の近くにある双葉高校の生徒たちに対して、早稲田大学生がボランティアで学習支援をした。被災状況に心を痛め、将来は故郷の役に立ちたいと願う高校生の姿に、大学生は自分の現在を見つめ直したり将来を考えたりする姿が描かれている。兵藤氏はほかに『世界をちょっとでもよくしたい』(共著、早稲田大学出版部) などの著書がある。

📖 『ワークキャンプに出会ってから —— ある高校生 活動の記録 ——』大沢英二　（山梨ふるさと文庫）

この「ワークキャンプ」とは、山梨県下から集まった高校生たちが、孤児の施設を建設するキャンプのことだ。7泊8日、のべ3週間、夏休みの大事な時間を費やして行われた高校生たちの活動が綴られている。この本を読んで、同年代の高校生がしてきた活動や、YMCA (Young Men's Christian Association) を知ってほしい。

私生活

自己PR文 4 回答例

ポイント 私生活の様子を説明するだけでなく、他者にも評価される長所を示そう。

Before

　「継続は力なり」という言葉がある。この言葉のとおり、私は今でも多くのことを継続し、力を得ていると思う。

　私は、小学校4年生の時に転校した経験がある。転校する時、一番仲のよかった友人と「離れても文通をしよう」と約束した。その文通は、今でも続けている。それまでの私は物事を長く継続することが苦手だったが、その友人との縁を断ちたくないという思いで、毎週交代で手紙を書き続けた。離れてから9年間、関係はずっと続いている。もしこの文通を途中で投げ出していたら、今のような仲のよい関係は築けていなかったと思う。継続することは難しいが、その努力はやがて自分のためになると確信している。

　また、私は転校を機に、今まで親任せにしていたペットのゲージの清掃をひとりでやろうと決意した。かわいがるだけが愛情なのかと考えた時、それは自分の勘違いであると思ったからだ。排泄物処理が嫌で掃除をやめたいと思ったこともあったが、最後まで継続した。それに応えるように、ペットも一層なついてくれたように感じた。

　今は、朝食と家族の弁当を毎日作っている。病気の時でも欠かしたことはない。朝食はよいとして、弁当の献立を考えるのは大変だけれど、家族が喜ぶ顔を見るとこうした辛いことでも頑張れる。もしかしたら、継続する力は人の笑顔から生まれるのかもしれない。趣味の絵描きも毎日続けている。昔はスケッチブックを使っていたが、今ではデジタルペインティングの練習をしている。描くのは難しいが、毎日書いていれば慣れていく。上達するには、続けることが何よりも大切だ。

　幼稚園教諭は楽しいことばかりでなく、汚物処理など嫌な仕事もある。さらに、子どもの毎日の成長をノートに書き記すなどの地道な作業もある大変な仕事だ。しかし、そこで諦めてしまったらすべてが終わってしまう。この継続力は幼稚園教諭に必要な能力だと思う。

問題点

✗ 長所がはっきりと述べられていない。…T(長所)の不確かさ

継続力をアピールしたいのであれば、「私の長所は継続力だ」などとはっきり示すとよいでしょう。

✗ 経緯説明の事例を盛り込みすぎている。…K(経緯)の不明確さ

例が4つもあると、説明不足の文章になります。また、いずれの事例も大学へ出願する書類として、よいとはいえません。

✗ 継続力と仕事内容がうまく噛み合わない。…I(活かし方)の不明確さ

「嫌な仕事」と表現するのは不適切です。大変な仕事を行うためには、なぜ継続力が必要なのか、その説明をすべきです。

改善点

● 長所をはっきりと述べて、アピールする。
● 事例を絞り、長所を得た経緯についてじっくりと述べる。
● 大学の学びにおいて、なぜ継続力が必要なのかを明らかにしておく。

After

　私は、小学5年生の頃から毎日、デッサンを続けている。その過程で、自己を見つめる姿勢や観察力を養うことができた。そうした継続力を持つ[1]私をアピールしたい。
　私が描き始めた頃のデッサンを振り返ると、平面的で、対象を正しく捉えられていない。苦手な部分に至っては、描くのを避けていた。私はそうした問題を解決するために少しずつ努力した。
　最初の課題はバランスの悪さだったので、描きたい物の構造を知ることから始めた。たとえば、人物を描く時には全身写真と図鑑をもとに、骨や筋肉の位置や大きさを確認しながら描くようにした。そして次は、輪郭線で物を見ずに奥行きを意識して立体的に描くことを課題にした。陰影のつけ方がマスターできた後には、トリックアートにも挑戦してみた。また、画材も変えた。最初は鉛筆だったが、自信がついてからはボールペン、サインペン、Gペンを使ったり、水彩絵の具やスプレーペンで色づけをしたりした。今はペンタブレットでデジタルアートにも挑戦している。毎日、自らの絵を見つめて課題を見出して改善を重ねることで、今では大概のものを模写することができるようになった。このことで、物事を真正面から捉え、細かな動きを観察する力が身についた。[2]さらに、デッサンのおかげで心の機微による動作の変化に敏感になり、他者を観察する力も身についた。友人への気遣いや声掛け、励ましも以前と比べて増えた[2]ように思う。このような気配りができるようになったのは、思わぬ副産物だった。
　私は幼児教育を専攻したいと考えている。幼児教育では、個々にあった支援が求められる。また、子どもを継続的に見守り、成長を確認し、新たな課題を子どもたちに与えることも必要となる。その時に、日々のデッサンで養った継続力・問題解決力・観察力・気配りを活用する[3]ことは欠かせない。こうした能力を幼児教育の現場でも活用できるよう、さらに磨きをかけていきたいと考えている。

---

[1] 長所をはっきりとアピールしている。…T（長所）の明確さ
日々のデッサンで得た継続力をアピールするとともに、自己を見つめる姿勢や観察力を養ったことも述べています。

[2] 長所を得た経緯を丁寧に説明できている。…K（経緯）の明確さ
デッサンにおける工夫や努力を具体的に述べ、観察力や気配りする力が身についた過程を示すことができています。

[3] 長所の活かし方をしっかり述べている。…I（活かし方）の明確さ
幼児教育学を研究するのに必要な能力を踏まえ、長所の活かし方を説明することができています。

カンザキのアドバイス

　日常生活や自分ひとりで行う趣味など実績が伴わない活動でも、自己PR文の素材になることがあります。ただ、その**T**（長所）が多くの他者に評価されるようなものであるかどうかは、事前に検討し、確認すべきです。回答例Afterのように継続力によって画力が向上しただけでなく、観察力や気配りの心を身につけたという話であればよいでしょう。これが「絵が好きで毎日描いていた。今ではタブレットペンでも描いている」という話で終わっていたら、評価されません。

　ほかにも、「休日にはパンを作っている。家族のみんなにおいしいと言われることが誇りだ」「友人からよく相談を受ける。面倒見のよさが自慢だ」程度の話では、他者よりも優れていることが見えず、評価を受けにくいでしょう。前者であればパン作りの中での工夫や努力した点、後者は具体的な友人への対応方法やその意図に焦点を当て、**他者との違いを K（経緯）を交えて表現**するとよいでしょう。

　自己PRができないと悩む受験生に、いつも私は「自分らしさが表現できる素材があれば、切り口次第でアピールになり得る」と言っています。部活動の実績や留学経験など、誰が見ても評価しそうな体験を持っている人はごく一握りです。もしそうした経験がなくても、**自分の体験や経験を掘り下げてアピールの素材になりそうなものを探ってみる**とよいでしょう。

　それでも見つからなければ、これから素材となりそうな体験を重ねて、成長した自分をアピールしましょう。

学問とのつながりの例

独創性と社会学、対話能力と外国語学、几帳面と生活科学の関係を表現してみました。学問の内容を理解した上で長所を結びつけると、上手に説明できます。

長所	学問	表現例
独創性	社会学	社会学は人どうしのつながりを研究する学問であるが、目に見えない関係性を見抜いて仮説を立てる必要がある。既存の関係性以外に潜む法則を探る手がかりとして、独創的な発想が必要となる。今まで養ってきた独創性をさらに磨き、社会学研究に役立たせたい。
対話能力	外国語学	外国語学研究を進めるには、外国人との対話を通して情報収集を行う必要がある。私が身につけてきた対話能力を外国人とのコミュニケーションに活かしていきたい。
几帳面	生活科学	生活科学は、人々の衣食住を豊かにするために必要な学問である。私の几帳面さは、生活科学の研究に役立つものだ。生活上の問題を細かくチェックし、整える習慣が、日常生活における問題を見抜くヒントとなるからだ。

体験・ポジションとアピールすべき長所

私生活の体験は、趣味や友人との対話など、個人的なものが多いのが特徴です。インターネットを介した情報の発信や交流などもあり得ます。その体験の中で自己がどのように成長したのか、その工夫や努力の足跡を示しながら長所をアピールするとよいでしょう。

体験・ポジション	アピールすべき長所
趣味	向上心、忍耐強さ、粘り強さ、創造性、独創性、発想力、几帳面、探求心
家事の手伝い	面倒見のよさ、気配り、迅速性、主体性、自主性
友人の相談相手	面倒見のよさ、誠実、冷静、観察力、問題解決力
他者との対話	協調性、対話能力、誠実、観察力
SNSなどでの情報発信	創造性、説得力、気配り、誠実、探求心、論理的思考力

推薦図書の紹介

ここでは、私生活の中で心がけるべきことを述べた書籍を紹介しています。今の自分の問題点はどういうもので、どう解決すれば、どういう成長を遂げることができるのか、考えるための材料にしてください。

『高校生活100のアドバイス』 東海林明　（岩波ジュニア新書）

受験を控えた高校生にとっては、「今さらアドバイスなんて」と思うかもしれない。しかし、残りの高校生活に役立つことも多い。苦手科目を作らない方法をはじめ、100のアドバイスをしっかり受け止めて、これからの生活を充実したものにしてほしい。東海林氏は、高校教諭・校長をつとめた人物。ほかに『高校生の親に贈る21のアドバイス』（学事出版）などの著書がある。

『こどもたちへ 夜回り先生からのメッセージ』 水谷修　（サンクチュアリ出版）

"夜回り先生"としてメディアにもよく登場する水谷氏が書いた本。彼は「子どもはかならず、幸せに生きなければいけない。そう信じている私が、ふだん子どもたちに語りかけていることを、そしてこれからよく覚えておいてほしいことを書いた」と前書きで述べている。少年の非行や薬物問題に真っ向から立ち向かってきた著者の言葉は、高校生の心に響くだろう。

『地球のためにわたしができること』 枝廣淳子　（大和書房）

環境問題を解決することは、豊かで幸せな時間を過ごすためには重要な鍵となる。普段の生活でできる、環境問題についての取り組みが易しく書かれている。著者は「地球のために私ができることを問いかけること」は「本当に大切なことを取り戻すきっかけでもある」と述べている。枝廣氏は環境ジャーナリスト、翻訳家。著書に『負けないで！』『いまの地球、ぼくらの未来 ずっと住みたい星だから』（PHP研究所）などがある。

自己推薦書

自己PR文 5 回答例

ポイント　「大学が求める人物像に合っている自分」をアピールしよう。

Before

　私の将来の夢は、スポーツに関わる職業に就くことである。保健体育科の教員やスポーツ指導者になりたい。そのためには大学に進学し、スポーツを究めたいと考えている。

　そう考えたのは、小学校の頃からバスケットボールを続けてきた経験があるからだ。高校のクラブ活動での辛い走り込みやトレーニングに耐えられたのは、仲間がいたからだ。バスケットボールを通して多くの仲間ができ、コミュニケーションを楽しめたことが、モチベーションを上げるのにつながった。大会の勝利を目指し、仲間とひとつの目標に向かって挑戦することも、バスケットボールを通して学んだことだ。

　そういった活動の中心にいるのが、スポーツ指導者だ。1年生の時はボールにも触れず、走り込みや筋肉トレーニングばかりの日々だった。しかし、自分も負けずに頑張れて、相手も負けないように頑張るという環境が楽しかったし、自分が強く成長しているようにも感じた。そして、この環境が我が校のバスケットボール部をひとつの目標に走らせていることがわかった。仲間と笑い、仲間と喜び、自分はこの興奮を仲間と味わうためにバスケットボールをしているのだと気づいた。だから、その喜びを味わうために、今も全力で練習している。スポーツは子どもを大人へと成長させてくれるものだと私は思う。

　だから私は、スポーツを楽しんだり人間関係を育んだりすることをサポートできるスポーツ指導者になるという夢を実現させたい。そのためには、貴学でスポーツコーチ学と学校保健学を修得していきたい。スポーツや仲間との触れ合いを楽しむことができる子どもたちを育てる指導者になるのが夢だ。そのために大学でもバスケットボールを続け、全力でバスケットボール部の仲間を支え、日々頑張っていきたい。人間性も技術も体力も成長できるように努力し、バスケットボールや部の仲間たちと一生関わっていきたい。

問題点

✗ **長所を具体的に示していない。…T（長所）の不明確さ**
仲間や指導者の長所は挙げていますが、自分の長所を示すことができておらず、バスケットボールへの熱意しか伝わりません。

✗ **長所を得た経緯が説明できていない。…K（経緯）の不明確さ**
「自分が強く成長した」という言葉はありますが、具体的に成長できたところが伝わりません。

✗ **長所の活かし方に言及できていない。…I（活かし方）の不明確さ**
熱意を持って勉学やスポーツに取り組みたいという意志はわかりますが、長所を活かすという内容にはなっていません。

改善点

● 長所が志望校の求める人物像にあっていることを示す。
● 自分の長所を分析し、どのようにその長所を得てきたのかを振り返る。
● 長所を将来どう活かしたいのかを説明する。

After

　私は小学校２年生の時からバスケットボールを10年間続けてきた。特に高校３年間での体験は、私がスポーツ心理学に目覚める大きなきっかけとなった。チームのリーダーとして多くの人をとりまとめることの難しさを学び、スポーツ心理学を活かした問題解決を志している[1] 私を、貴学に推薦したい。

　特に大きな収穫があったのは、高校でのチームリーダー経験である。継続して努力するだけでは、チームリーダーとしての役割を果たせないことを痛感したのだ。たとえば、強いチームに育てあげようという気持ちが裏目に出て、チームプレイを忘れてしまう部員がいた。また、バスケットに対する情熱や試合運びの理解力に個人差があり、チーム全体に精神的なまとまりがないこともあった。そこで、コーチの支援のもと「心理的ゾーン」を捉えることを意識した。当時のチームメンバーは緊張・興奮レベルが低い状態であったといえる。練習に緊張感が見られないことがしばしばあり、全員が最適なゾーンではなかったのだ。こうした状態の者に対して、成功イメージを思い浮かべさせ、ピークパフォーマンスの想像をさせた。この経験から、スポーツには技術だけではなく心理学をもとにした支援が欠かせないことを学んだ。[2] 今では、「心理的ゾーン」の捉え方や競技ごとの違いを学ぼうと、コーチに毎日指導を受けている。スポーツを競技者として楽しむだけでなく、競技者の心理に関心を向けて学ぼうとするところまで成長できたと自負している。

　私は、心の緊張と興奮のバランスをどう取れば、集中力を高めることができるのか[3]を貴学での研究テーマとしたい。こうした視点は、スポーツ競技者が抱える様々な心の問題を予防し、解決するための基本となるに違いない。貴学でこうした専門知識を養い、多くのスポーツ競技者の心の問題を解決し、チームの団結力を向上させるような能力を備えた人間になりたい[3]と心から願っている。

---

[1] 長所を明確に示し、自分を推薦する理由と結びつけている。
　…Ｔ（長所）の明確さ
スポーツ心理学に関心がある自分をアピールし、学問による問題解決を志す人物であることも推薦理由として挙げています。

[2] 長所を得た経緯を説明している。
　…Ｋ（経緯）の明確さ
バスケットボール部での経験をもとに、スポーツ心理学への高い関心を持った人物であることをアピールしています。

[3] 長所の活かし方をしっかり述べている。…Ｉ（活かし方）の明確さ
スポーツ心理学への関心の高さを、大学への学びに活かしていきたいと述べ、スポーツ競技者の役に立ちたいという意図が伝わります。

志望理由書＋自己PR文

ポイント 志望理由の内容と自己PR文を関連づけて説明しよう。

Before

◎文学部をなぜ第一志望としたのですか。また文学部で何を学び、将来どのように活かそうと考えていますか。具体的に書いてください。

　私は、大学で△△という競技を続けたいという希望があった。○○大学には体育会△△部があり、部員の方々が切磋琢磨しながら練習に取り組んでいる姿を何度も見た。自主性を重んじる部の運営方針に共感し、私も一員となって活躍したいと考えている。

　私がこれからスポーツを続けていく時、必要だと感じたのは心理について学ぶことであった。心理状態とパフォーマンスは密接に関係すると感じていたので、その謎を解き明かしたいと思っていた。このことから、進学先はスポーツ系の学部ではなく、心理学が本格的に学べるところを望んでいた。そこで、部活動と心理学を両立できるのは、○○大学文学部しかないと思い、志望した。

　○○大学文学部では心理学を専攻して、スポーツ心理学の分野で活躍されている□□教授のもとで学びたいと考えている。心理学の勉強をじっくりと行えるカリキュラムが備わっているだけでなく、就職に有利であることも決め手のひとつだ。卒業後は、文部科学省やNPO法人といった部活動の指導者に指導方法を提案する立場の職に就きたいと考えている。貴学文学部では、法学や経済学といった公務員への就職には必要になる分野も履修することができる。このように幅広い学問を身につけることができるのは、文学のみにとらわれず学問全体を捉えることを目的とする貴学の魅力であると考えている。

　オープンキャンパスでの体験授業に参加した際、文学部の学生の皆さんが「大学では自主性が重要になる」と話していた。私も長い4年間の学びの中で、自主的に「こういう学びをしたい」ということを探り続けていきたい。私は、高校の部活動を通して特に自主性を身につけてきたと自負しているので、貴学文学部でそれを活かして積極的に学び、さらに伸ばしたい。そして将来は、自ら考え、よりよい社会作りを提案することで活躍していきたい。

◎高等学校で何に力を入れ、どのような成果を上げましたか。具体的に書いてください。

　私は高校まで△△競技に励んできたが、心理状態とパフォーマンスは密接に関わっていると常に実感してきた。たとえば、「挫折」という現象について心理学的に捉え

てみよう。私も幾度となく挫折しそうになり、立ち直ることを繰り返してきた。これまでは、人間の心の弱さが「挫折」を生じさせるとされてきたが、最近では、感情のバランスによって挫折感に肯定的な意味合いを帯びさせるか、否定的な意味を付加するかが決まるといわれている。このように、どうして「挫折」という感情が生まれるのかは明らかになりつつある。

　一般に、指導方法は大きく分けて、叱ることと誉めることの2種類があるといわれている。どちらがより選手の力を伸ばすのかというと、そこには個人差があると考えられるが、近年では誉めることに注目が集められている。そこで、競技中の選手が無意識に求めている外部の雰囲気について、競技や年代、性別等にも配慮しつつ研究したいと考えている。たとえば、挫折感を覚えるきっかけとして大きいものは「自分の期待に反して指導者に認めてもらえなかった時」だ。私は、「挫折」を誉めて解消する仕組みをスポーツ指導の中に組み込んでいくことを考えている。

　いくら優れた技術が得られても、叱られて挫折していたとしたら宝の持ち腐れで終わってしまう。指導者が誉めることを通して選手の精神をコントロールし、「挫折」を肯定的に捉え、試合に勝つことを意識していきたい。そして、スポーツに打ち込む青少年にとって最適な環境を作り、楽しんでもらいたいと思っている。心理的に楽しめれば、おのずと運動したいという気持ちが高まるだろう。多くの青少年にスポーツを継続してもらうためにも、心理学を学ぶ必要があると考える。スポーツの力で心身ともに健全な社会をつくりたい。

問題点

✗ 大学で研究したいことが伝わらない。…K(研究)の欠如
心理学について興味があることは伝わりますが、心理学のどういう研究をしたいのか、具体的に示せていません。

✗ 大学へ進学する動機が浅い。…D(動機)の欠如
心理学に興味を持った経験や学習の意義は示せていますが、研究の必要性まで論じられていません。

✗ 大学を選択した理由が表面的である。…S(選択)の不的確さ
心理学の研究ができるか否かの説明が浅いだけでなく、大学を就職予備校のように捉えています。

✗ 力を入れたことが伝わらない。…T(長所)の不明確さ
「高等学校で力を入れたこと」がスポーツ競技であることは伝わりますし、志望理由とも連動していますが、具体的に何に力を入れたのか、明記されていません。

✗ 力を得た経緯が示されていない。…K(経緯)の不明確さ
心理状態とパフォーマンスについての説明に終始し、成果や資格など、長所を得た末の結果について述べられていません。また、力を得た経緯についての説明も不十分です。

✗ 「力を入れたこと」について述べられていない。…I(活かし方)の不明確さ
「力を入れたこと」自体が具体的に述べられていないので、その活かし方も述べられていません。

> 改善点

- 心理学を専攻して研究したいことを明確にする。
- なぜ心理学研究が必要なのかを説明する。
- 自分が望む心理学研究が志望校でできることを主張する。
- スポーツ競技の中で何に力を入れたのかを明確に示す。
- 力を入れた経緯を説明する。
- 「力を入れたこと」をどのように活かしたいのかを説明する。

After

◎文学部をなぜ第一志望としたのですか。また文学部で何を学び、将来どのように活かそうと考えていますか。具体的に書いてください。

　△△という競技は、心理戦を制した者が制すといわれている。プレーヤーは、試合相手の様子を見ながら瞬時に打球をコントロールすることが求められている。私が意識していたのは、たとえば相手の表情や息づかい、ポイントの高低など、私の心に影響を与える原因を探ることだった。その原因がわかると、試合の流れを自分が有利になるように進めるための最適な判断が下せると考え、日々戦ってきた。心理学に関心を持ったのは、こうした心の動きに影響を与える要素を探ってみたいと思ったからだ。私は当初、このような研究を重ねてアスリートの役に立ちたいと考えていた。

　しかし、心理学への興味が増すごとに、それ以上に人々のよき行動の指針に役立つ研究をしたい[2]と考えるようになった。私たち人間は、生きているうちに様々な選択に迫られる。そのような岐路に立っている人の心理を探ることができれば、そこでの誤った選択を制御する方法を人々が分かち合うことができる。心理学の研究成果を世に広めることは、人々が豊かな生活を営む上で非常に役立つ[2]のではないか。

　私は○○大学文学部での学びの中で、特に行動分析学[1]に興味がある。人の選択の要素を分析するためには、心理学だけでなく、文化論や社会・経済という分野も関わることを知り、人の心だけでなく文化と密接に関わる[1]ところに魅力を感じているからだ。そして、行動分析学を専門とする□□教授から、行動指針と心理の関係性について教えを乞う[3]機会があるのも魅力的だ。このように、行動分析学の研究を進めるために必要な環境が整っている[3]ことが、貴学を志望した最も大きな理由だ。卒業後は、大学院社会科学研究科心理学専攻に進学し、部活動での経験を活かして地道に研究を重ねることでより厳密な分析に取り組みたい[6]。人々が幸せな選択をすることができるように、私が選択を支える役割を担いたいと考えている。

◎高等学校で何に力を入れ、どのような成果を上げましたか。具体的に書いてください。

　私は高校生活で、学業に加えて△△部の活動にも力を入れ、2年連続で県の強化選手に選ばれた。しかし、常に活動がうまくいったわけではない。レギュラーから外れた一部の部員が「他人より目立った努力をする必要がない」という空気を生み出し始め、意識の高い部員に影響を与えかねない事態になったことがあったのだ。これは、△△という競技を純粋に愛している私にとって非常に辛いことだった。

　その時、まず自分が信頼を得る必要があると感じ、レギュラー外の部員の気持ちをまず汲み取り、チームのあり方について対話する機会をつくった。[4]そして、それぞれが個人目標を設定し努力することを提案し、チームの団結力や実力を高めようとした。最初は、こうした取り組みに批判的な目を向ける部員もいた。しかも私自身は部長ではなかったので、「権限を持たない立場なのに提案をした」と反感を持つ人がいたのは事実だ。そこで考えたのは、私自身が目標を立てて実践し自らの課題を明確にして、フォームの改善、重心のチェック、戦略の見直しなどを続けることだった。こうすることで、試合の展開も変化する。私が部員に対して、こうした改善目標の達成が成果に結びつくことを継続的に伝え続け、体現することによって、練習前や休憩時間に自主練習を行う人が少しずつ増えてきた。[5]春を迎える頃には、徐々に皆の意識が変わってきた[5]ことが感じられた。関東大会県予選では、先行した個人戦においてマッチポイントを取られながらも重圧を押し退けて出場権を勝ち取った。その力の源はチーム力にあったのだと思う。

　今となってその頃を振り返ると、私は部員の心に寄り添い、受け入れるとともに、工夫してチームの発達を遂げようとしていた。いわばリーダーとしての素質を磨いていたのだと感じている。そのような努力が、創部以来初の団体戦○○大会出場を果たし、その後の大会でも過去最高の結果を残すことにつながったと自負している。

---

[1] 大学で研究したいことが明確である。…K(研究)の明確さ

「心理学の研究をしたい」で終わらせず、行動分析学という視点で人の選択の要素について研究したいと述べています。

[2] 研究課題を定めた動機が明確である。…D(動機)の明確さ

心理学研究は人々の豊かな生活に役立つことを示し、研究が社会にとって重要であることが表現できています。

[3] 志望校の選択理由が明確である。…S(選択)の明確さ

志望校において研究が十分に行えることを説明し、志望理由として述べることができています。

[4] 「力を入れたこと」が述べられている。…T(長所)の明確さ

部の中で信頼を得ることに力を入れ、成果を得たことがはっきりと示せています。

[5] 力を入れた経緯が説明できている。…K(経緯)の明確さ

部内の問題を捉えた上で、信頼をどう得てきたのか、目的とその経緯が説明できています。

[6] 「力を入れたこと」が示せている。…I(活かし方)の明確さ

「力を入れたこと」の活かし方について、志望理由と連動させて述べることができています。

● 著者紹介

神﨑 史彦（かんざき ふみひこ）

撮影：川名マッキー

カンザキメソッド代表。法政大学法学部法律学科卒業後、大手通信教育会社にて国語・小論文の問題作成を担当するかたわら、大学受験予備校や学習塾で指導する。東進ハイスクール・東進衛星予備校を経て、現在、リクルート・スタディサプリで講師を務めるほか、全国各地の高校・大学において小論文関連の講演や講義を行い、受講者数は10万人を超える。小論文指導のスペシャリスト。また、21世紀型教育を推進する私学の団体21世紀型教育機構（21stCEO）にてリサーチ・フェローを務める。総合型・学校推薦型選抜対策塾「カンザキジュク」を運営。多数の早慶上智ICU・GMARCH・国公立の合格者を輩出している。

『大学入試 小論文の完全攻略本』『大学入試 小論文の完全ネタ本改訂版（医歯薬系／看護・医療系編）』『同（社会科学系編）』『同（人文・教育系編）』『同（自然科学系編）』『志望理由書のルール（文系編）』『同（理系編）』『看護医療系の志望理由書・面接』（以上、文英堂）、『特化型小論文チャレンジノート 看護・福祉・医療編』『志望理由書・自己ＰＲ文完成ノート』（以上、第一学習社）、『ゼロから１カ月で受かる大学入試面接のルールブック』『ゼロから１カ月で受かる大学入試小論文のルールブック』『ゼロから１カ月で受かる大学入試志望理由書のルールブック』（以上、KADOKAWA）など著書多数。

[連絡先] カンザキジュク
〒158-0094 東京都世田谷区玉川4-12-15 GranDuo 二子玉川Ⅳ１階
TEL 03-6431-0415
https://kanzaki-juku.com
E-mail：info@kanzaki-method.com

● DTP　Yoshimoto

● 表紙デザイン　FACTORY

シグマベスト
大学入試
カンザキメソッドで決める！
志望理由書のルール　—文系編—

本書の内容を無断で複写（コピー）・複製・転載することは、著作者および出版社の権利の侵害となり、著作権法違反となりますので、転載等を希望される場合は前もって小社あて許諾を求めてください。

Ⓒ 神﨑史彦　2014　　Printed in Japan

著　者	神﨑史彦
発行者	益井英郎
印刷所	株式会社　天理時報社
発行所	株式会社　文英堂

〒601-8721 京都市南区上鳥羽大物町28
〒162-0832 東京都新宿区岩戸町17
（代表）03-3269-4231

● 落丁・乱丁はおとりかえします。